Duden

So lese ich

in der Grundschule

Einfache Strategien zum besseren Textverständnis

Dudenverlag
Berlin • Mannheim • Zürich

Mit einfachen Strategien Texte besser lesen und verstehen 4

So findest du dich in diesem Buch zurecht 5

Die Strategien

 Vor dem Lesen 6

 Während des Lesens 8

 Nach dem Lesen 9

Anfänger

- Was lese ich wie, wo und warum? 10
- Auf einen Blick! 11
- Worum geht es wohl? 12
- Was weiß ich schon? 13

- Ein Bild gemacht? 14
- Alles verstanden? 15
- Wichtiges markiert? 16
- Abschnitte gefunden? 17
- Wichtiges markiert? 18
- Ein Bild gemacht? 19
- Wichtiges markiert? 20
- Randnotizen gemacht? 21

- Was meine ich? 22
- Was meine ich? 23
- Zusammengefasst! 24
- Zusammengefasst! 25

- Strategien anwenden 26
- Wimmelbild 28

Fortgeschrittene

- Auf einen Blick! 30
- Was weiß ich schon? 31
- Auf einen Blick! 32
- Worum geht es wohl? 33

- W-Fragen gestellt? 34
- Ein Bild gemacht? 35
- W-Fragen gestellt? 36

- Wichtiges markiert? 37
- Zwischenüberschriften gefunden? 38
- Ein Bild gemacht? 39
- Wichtiges markiert? 40
- Alles verstanden? 41

- Zusammengefasst! 42
- Richtig vermutet? 43
- Was meine ich? 44
- Was meine ich? 45

- Strategien anwenden 46
- Wimmelbild 48

Profis

- Was weiß ich schon? 50
- Was weiß ich schon? 51
- Auf einen Blick! 52
- Worum geht es wohl? 53

- Randnotizen gemacht? 54
- W-Fragen gestellt? 55
- Wichtiges markiert? 56
- W-Fragen gestellt? 57
- Wie lese ich? 58
- W-Fragen gestellt? 59
- Wichtiges markiert? 60
- Wichtiges markiert? 61

- Zusammengefasst! 62
- Was meine ich? 63
- Zusammengefasst! 64
- Was meine ich? 65

- Strategien anwenden 66
- Wimmelbild 68

Lösungen 70

Fachbegriffe 75
Textquellenverzeichnis 76
Bildquellenverzeichnis 76
zum Ausschneiden: mit Strategie-Lesezeichen 77

Mit einfachen Strategien Texte besser lesen und verstehen

Diese drei Kinder zeigen dir, wie du vorgehen musst, wenn du Texte liest. Ein Kind erklärt wichtige Strategien und Methoden vor dem Lesen, das zweite während des Lesens und das dritte nach dem Lesen.

Vor dem Lesen

- sich schon erste Gedanken zu den Texten machen und das richtige Lesen vorbereiten

Während des Lesens

- im Blick behalten: Wie lese ich?
- sich mit geeigneten Methoden und Arbeitsweisen Texte erschließen

Nach dem Lesen

- sich Gedanken machen, ob Vermutungen und Gedanken zu den Texten zutreffend waren
- sich selbst überprüfen, ob man die Texte auch verstanden hat
- Texte bewerten

Um die Lesestrategien sicher und erfolgreich anwenden zu können, brauchst du Übung. Trainiere also regelmäßig.

Und das Training lohnt sich. Denn danach kannst du die Strategien genauso einsetzen, wie du sie brauchst. Mit ihrer Hilfe kannst du Texte schneller und besser verstehen. Und du kannst auch selbst herausfinden, ob du die Texte wirklich verstanden hast. Wenn du die Texte und Aufgaben einer Schwierigkeitsstufe bearbeitet hast, kannst du in die nächste Schwierigkeitsstufe wechseln und weitertrainieren.

So findest du dich in diesem Buch zurecht

Zu Beginn des Buches stellen dir drei Kinder wichtige Lesestrategien vor.

Das Buch ist in drei Schwierigkeitsstufen eingeteilt: Anfänger – Fortgeschrittene – Profis.

In jedem Schwierigkeitsbereich lernst und übst du Strategien, die du vor, während und nach dem Lesen anwenden kannst.

Am Ende eines jeden Schwierigkeitsbereichs sollst du die Strategien in Verbindung anwenden.

Ganz am Ende der Schwierigkeitsbereiche findest du jeweils ein großes Wimmelbild mit Such- und Leseaufgaben. Hier ist dein ganzes Können gefragt.

Die Lösungen der Übungen findest du im Lösungsteil (ab Seite 70). Vergleiche und überprüfe deine Arbeitsergebnisse damit. Es gibt nicht immer nur eine einzige Lösung.

1. Vor dem Lesen

Ich überlege:
- Wie lese ich, wo lese ich und warum lese ich?
- Was fällt mir auf, wenn ich den Text betrachte?
- Worum geht es wohl in dem Text?
- Was weiß ich schon dazu?

2. Während des Lesens

Ich überprüfe:
- Lese ich noch so, wie ich es mir vorgenommen habe?

Ich erschließe mir einen Text:
- Wörter, die ich nicht kenne, schlage ich nach oder ich frage einen Experten.

Beim Training unterstützen dich das Lesezeichen mit den Lesestrategien (Seite 79) und eine Liste mit wichtigen Fachbegriffen (Seite 75). Das Lesezeichen kannst du immer nutzen, wenn du mit Texten arbeitest.

Wenn du einen Text oder ein Thema interessant findest, blättere in deinem gewählten Schwierigkeitsbereich, ob du noch mehr dazu findest.

Vor dem Lesen

Bevor du mit dem Lesen eines Textes oder eines Buches beginnst, ist es sinnvoll, wenn du dir ein paar Gedanken machst und das Lesen gut vorbereitest.

Was lese ich wie, wo und warum?

Ich mache mir Gedanken, warum ich den Text oder das Buch lese.

- Will ich mich entspannen?
- Muss ich den Text für die Schule lesen?
- Interessiert mich das Thema?
- Hilft mir der Text?

Ich überlege mir, wie ich am besten lese.

- Brauche ich einen Stift und ein Wörterbuch dazu?
- Kann ich ganz entspannt lesen und den Text einfach genießen?

Dann entscheide ich, wo ich lesen kann.

- Lese ich am Schreibtisch oder gemütlich im Sessel?

Auf einen Blick!

Ich betrachte den Text und überlege, was mir auffällt.

- Hat der Text eine Überschrift?
- Hat der Text eine besondere Form?
- Gibt es Fotos oder farbige Bilder?
- Ist etwas besonders hervorgehoben?

Worum geht es wohl?

Ich mache mir Gedanken, um was es wohl in diesem Buch, in diesem Text gehen könnte.

- Gibt mir die Überschrift einen Hinweis?
- Was ist auf den Bildern zu sehen?

Was weiß ich schon?

Ich frage mich, was ich schon über den Text oder das Buch weiß.

- Um welche Art von Text handelt es sich? Ist es vielleicht ein Sachtext, eine Geschichte, ein Gedicht oder ein Zeitungsartikel?
- Habe ich schon etwas zu diesem Thema gelesen?
- Haben wir schon im Unterricht über das Thema gesprochen?
- Habe ich schon einen Bericht oder einen Film zu diesem Thema im Fernsehen gesehen?
- Kenne ich die Autorin oder den Autor des Textes oder des Buches?

Während des Lesens

Es gibt verschiedene Methoden und Arbeitsweisen, die dir helfen, einen Text besser zu verstehen. Überlege bei jedem Text neu, welche davon du am sinnvollsten anwendest.

Wie lese ich?

Ich mache beim Lesen Pausen. Dabei überlege ich, ob ich noch so lese, wie ich es mir vorgenommen habe.

- Genieße ich die Geschichte noch oder lese ich viel zu schnell?
- Lese ich noch genau oder bin ich unaufmerksam?

Wie erschließe ich einen Text?

Es fällt mir leichter, einen Text zu verstehen, wenn ich einige Tipps beachte.

- Ich markiere die Wörter im Text, die ich nicht kenne. Dann schlage ich sie nach oder frage einen Experten.
- Ich markiere wichtige Wörter und wichtige Textstellen.
- Ich mache mir Randnotizen, zum Beispiel ein Ausrufezeichen oder ein Fragezeichen. Vielleicht kann ich auch schon ein Stichwort oder einen Überbegriff hinschreiben.
- Wenn der Text unübersichtlich ist, unterteile ich ihn in Sinnabschnitte.
- Ich finde eigene Zwischenüberschriften für die Abschnitte.
- Ich stelle W-Fragen an den Text oder beantworte Fragen zum Text.
- Ich stelle mir Textstellen bildlich vor und male sie.

Nach dem Lesen

Lege den Text oder das Buch nach dem Lesen nicht einfach weg. Mach dir noch ein paar Gedanken darüber. Du kannst zum Beispiel das Wichtigste daraus für dich und andere zusammenfassen. Dabei merkst du, ob du den Text auch verstanden hast.

Richtig vermutet?

Vor dem Lesen habe ich mir Gedanken gemacht, um was es in dem Buch, in dem Text gehen könnte. Ich weiß jetzt, ob meine Vermutung richtig war.

Habe ich den passenden Text ausgewählt?

Zusammengefasst!

Ich überprüfe, ob ich den Text auch wirklich verstanden habe.

Ein Stichwortzettel hilft mir, wenn ich einen Experten-vortrag halten soll.

Ich kann auch einen Steckbrief verfassen.

Ich fasse den Text mit meinen eigenen Worten zusammen.

Was meine ich?

Ich überlege, wie mir der Text gefallen hat und was es mir gebracht hat, ihn zu lesen.

Habe ich Neues erfahren?

War der Text oder das Buch spannend?

Will ich noch mehr zu dem Thema lesen?

Will ich noch mehr von dieser Autorin, von diesem Autor lesen?

Kann die Autorin oder der Autor abwechslungsreich formulieren?

Kann ich den Text weiterempfehlen?

Was lese ich wie, wo und warum?

Bevor du mit dem Lesen beginnst, überlege, warum du den Text lesen willst. Das hilft dir, zu entscheiden, wie und wo du es am besten tust.

› Wann liest du was? Verbinde.

Auf einen Blick!

Schau dir einen Text zuerst nur an. Bestimmt fällt dir dabei schon einiges auf, was dir dann beim Lesen und Verstehen hilft.

› Jan wünscht sich einen Roller. Kreise die Anzeige ein, die Jan interessieren könnte.

Worum geht es wohl?

Bevor du mit dem Lesen beginnst, schau dir erst die Überschrift oder den Buchtitel an. Das Lesen wird dir leichter fallen, wenn du vorher schon überlegst, worum es im Text gehen könnte.

Der Sonnenwecker

› Überlege, wovon diese Geschichte handeln könnte.

› Wie stellst du dir einen „Sonnenwecker" vor? Male und schreibe.

Was weiß ich schon?

Anfänger

Bevor du mit dem Lesen beginnst, überlege, was du schon zum Thema weißt. Es hilft dir auch beim Lesen, wenn du weißt, um welche Art von Text es sich handelt.

› Was für ein Buch ist hier abgebildet? Kreuze an.

Kochbuch ☐ Tierlexikon ☐

Bilderbuch ☐ Schulbuch ☐

› Wie passt das Bild zum Titel? Was meinst du?

____

____

____

____

____

Ein Bild gemacht?

Wenn du zu einem Text malst, merkst du, ob du genau gelesen hast und den Text auch verstanden hast.

› Lies den Textausschnitt und male anschließend zu jedem Abschnitt.

Die Nacht war kalt. Der Misthaufen hoch.
Ich hatte noch nie die Sonne geweckt.
Mutter stand in der Stalltür und nickte.
Sie traute mir alles zu.
Ich krähte.
Die Sonne ging auf.
Ich hatte sie geweckt.

Gegen Mittag kam Hedi zu mir.
Hedi ist so alt wie ich. Sie sagte:
„Bild' dir bloß nichts ein. Die Sonne
geht auch ohne dich auf."
Ich glaubte ihr nicht. Und weckte
am nächsten Morgen die Sonne.
Ganz allein. […]
„Du weckst sie nicht. Du weckst sie nicht.
Und ich kann es beweisen", sang Hedi und lief
hinter den Stall. Sie hatte einen Stock in der Kralle
und malte etwas in den Sand.
„Hör zu, du Hähnchen, die Sache läuft so.
Unsere Erde ist eine Kugel und fliegt um die Sonne.
Nur für uns sieht es so aus, als ob sie aufgeht.
In Wirklichkeit fliegen wir um die Sonne, kapiert?"

Martin Baltscheit

Alles verstanden?

Du kannst nicht immer jedes Wort in einem Text kennen. Manchmal wird das unbekannte Wort im Text selbst erklärt. Du kannst auch im Wörterbuch oder Lexikon nachschlagen oder jemanden fragen.

› Unterstreiche die Wörter, die du nicht verstehst. Schlage dann die Wörter nach oder frage einen Experten.

Die Sonne

Die Sonne ist ein riesiger Stern, der im Zentrum unseres Sonnensystems steht. Sie besteht aus glühend heißen Gasen. In ihrem Innern finden laufend Kernreaktionen statt, bei denen riesige Mengen an Energie frei werden. Die Sonne versorgt die Erde mit Licht und Wärme. Sie ermöglicht das Leben von Pflanzen, Tieren und Menschen. Andererseits strahlt sie aber auch gefährliche ultraviolette Strahlen ab. Die Ozonschicht unserer Atmosphäre schützt uns vor dieser Strahlung, so gelangen nur wenige der Strahlen auf die Erdoberfläche. Ohne den Schutz der Ozonschicht wäre die Erde unbewohnbar.

In einem Jahr dreht sich die Erde einmal um die Sonne. Weil sich die Erde an einem Tag einmal um sich selbst dreht, geht die Sonne jeden Morgen im Osten auf und jeden Abend im Westen unter.

Wichtiges markiert?

Du verstehst einen Text leichter, wenn du dich auf das Wichtige konzentrierst.

› Schaue dir das Bild an und schreibe auf, was du brauchst.
Lies dann die Versuchsbeschreibung und unterstreiche die Materialien.
Vergleiche anschließend mit deiner Liste.

Experiment 1:
Die Brausepulver-Rakete

Fülle eine Filmdose (am besten funktionieren die schwarzen!) zu einem Drittel mit Wasser. Gib dann einen gehäuften Teelöffel Brausepulver dazu. Jetzt musst du dich beeilen. Schließe den Deckel der Filmdose fest und stelle sie am besten im Freien auf den Boden. Warte ab, was passiert!

1. ______________________
2. ______________________
3. ______________________

1. ______________________
2. ______________________
3. ______________________

Experiment 2:
Postkartentrick

Fülle ein Glas bis zum Rand mit Wasser. Decke es dann völlig mit einer Postkarte ab. Halte die Postkarte mit der Handfläche gut fest und drehe nun das Glas vorsichtig um. Lass die Karte dann los und schau, was passiert.

Abschnitte gefunden?

Man versteht Texte leichter, wenn man sie gliedert. Oft helfen dir dabei Signalwörter.

› Unterstreiche beim Lesen die Wörter, die dir sagen, was du tun sollst. Nummeriere dabei die einzelnen Schritte.

Experiment 3: Geheime Botschaft

1. Tauche ein Blatt Papier in ein Wasserglas ein, sodass es ganz nass ist. 2. Lege es nun auf eine feste Unterlage. Lege ein zweites, trockenes Papier auf das nasse. Schreibe mit einem Bleistift deine geheime Botschaft auf das trockene Papier. Achte darauf, dass du fest aufdrückst. Wirf das beschriebene Papier nun weg. Auf dem nassen Papier sieht man deine Botschaft. Hänge das nasse Papier zum Trocknen auf. Sobald es trocken ist, verschwindet die Schrift. Schicke die Nachricht an deinen Freund. Er muss das Papier erst wieder nass machen, um deine geheime Botschaft lesen zu können.

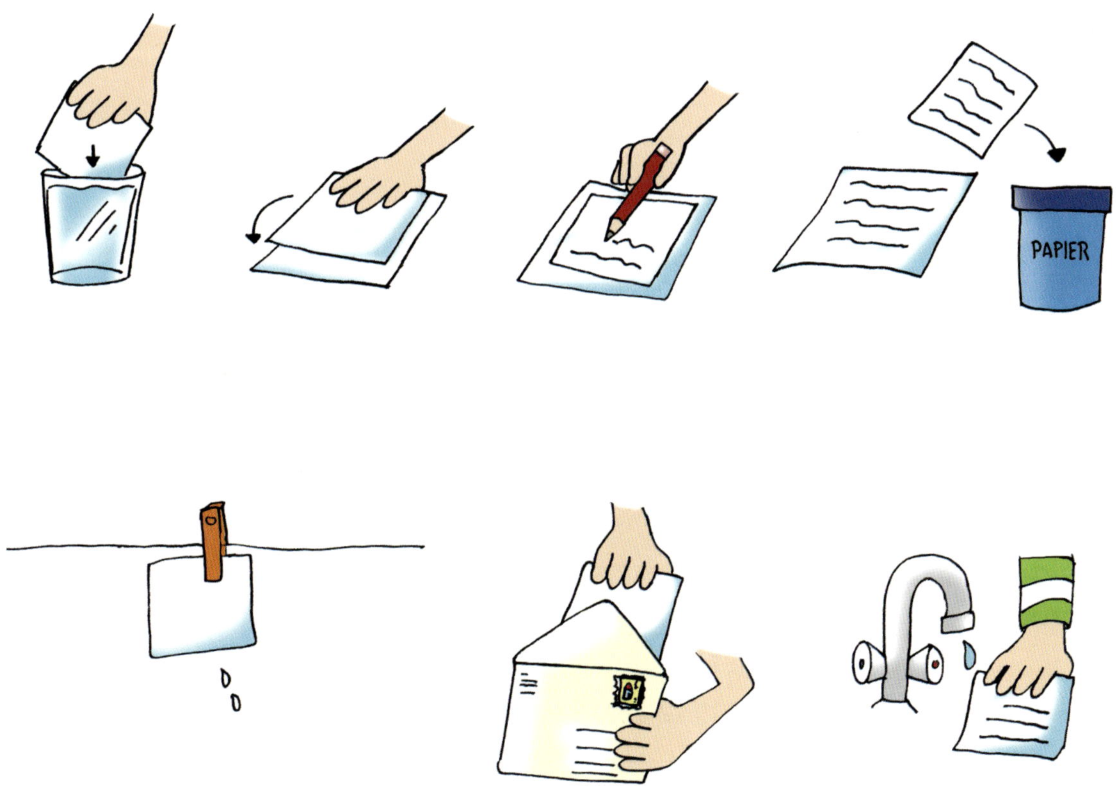

Wichtiges markiert?

› Lies den Zeitungsartikel und markiere anschließend die Ergebnisse der Vereine von Kevin, Fadi und Katharina in der jeweiligen Farbe.

Der deutsche Fußballmeister steht schon fast fest

Der VfL Wolfsburg ist auf dem besten Weg, die erste Meisterschaft der Vereinsgeschichte in der Fußball-Bundesliga perfekt zu machen. Das Team der „Wölfe" siegte in Hannover mit 5:0 und hat vor dem 34. und letzten Spieltag zwei Punkte Vorsprung in der Tabelle. Der zuvor punktgleiche FC Bayern München kam beim TSG 1899 Hoffenheim nicht über ein 2:2 hinaus. Der VfB Stuttgart hingegen besiegte Energie Cottbus mit 2:0 und hat nun 64 Punkte auf dem Konto. Hertha BSC Berlin hat sich mit einem 0:0 gegen den FC Schalke 04 aus dem Meisterkampf verabschiedet. Um den Klassenerhalt kämpfen noch vier Mannschaften. Arminia Bielefeld unterlag bei Borussia Dortmund 0:6 und steht nun auf dem 16. Rang. Die weiteren Ergebnisse des 33. Spieltags: VfL Bochum 1848 – Eintracht Frankfurt 2:0, Werder Bremen – Karlsruher SC 1:3, Hamburger SV – 1. FC Köln 0:1, Bayer 04 Leverkusen – Borussia Mönchengladbach 5:0.

Ein Bild gemacht?

Anfänger

Manchmal versteht man Texte leichter, wenn man Wichtiges in eine Tabelle überträgt.

› Trage alle Spiele und Spielergebnisse, die im Zeitungsartikel auf der vorhergehenden Seite genannt sind, in die Tabelle ein.

Spiel	Ergebnis
VfL Wolfsburg – Hannover	5:0

› Die folgenden Fragen kannst du mithilfe der Tabelle beantworten.

1. Wie viele Tore sind insgesamt gefallen? ☐
2. Welche Mannschaft hat den höchsten Sieg errungen?

   ____

3. Wie viele Mannschaften haben kein Tor erzielt? ☐
4. Wie viele Mannschaften haben unentschieden gespielt? ☐

Wichtiges markiert?

› Lies die Geschichte. Unterstreiche beim wiederholten Lesen jeweils in der passenden Farbe, was die Schrauben sagen.

Die feindlichen Schrauben

Es waren einmal zwei Schrauben, die waren am Rad eines Güterwagens befestigt. Obwohl beide dieselbe Aufgabe hatten, konnten sie sich nicht leiden und stritten dauernd miteinander.

„Du Sauschraube“, sagte die eine zur andern, „du blöde, dumme Sauschraube!“

„Was du sagst, das bist du selbst!“, gab die andere zurück.

„Blechtrottel!“

„Lackaffe!“

„Zimtzicke!“

„Blödkröte!“

Und so ging das den ganzen Tag, wenn sie irgendwo auf einem Bahnhof oder einem Abstellgleis standen und warteten.

Einzig wenn der Zug fuhr, drehten sich die Schrauben mit dem Rad so rasch, dass es ihnen die Sprache verschlug.

Eines Morgens, kurz vor der Abfahrt nach Italien, stritten sie wieder besonders heftig.

„Wenn ich nur deinen einfältigen Kopf nicht mehr sehen müsste“, sagte die eine zur andern.

„Und dann du mit deinem geschlitzten Quadratschädel?“

„Mit deiner Birne könntest du als Po auf den Karneval!“

„Gut“, sagte die andere stolz, „dann gehe ich. Es gibt schließlich noch andere Räder!“

Und als der Zug zu rollen begann, schraubte sie sich mit aller Kraft aus dem Gewinde, fiel auf der Gotthardstrecke in einen Wildbach und ertrank.

Da eine Schraube allein nicht genügte, um das Rad an der Achse zu halten, entgleiste der Güterwagen, riss den ganzen Zug mit in den Abgrund, und mit den Waggons wurde auch die Schraube dermaßen zertrümmert, dass man sie später mit den Resten des Zuges einschmolz.

Jetzt war endgültig Schluss mit Streiten.

Franz Hohler

Randnotizen gemacht?

Für Randnotizen sollst du ganz wenig notieren. Wichtige Stichwörter aus dem Text können dir dabei helfen.

› Unterstreiche die Wörter, die dir Informationen zu den vier Bereichen auf deinem Steckbrief geben.

› Mache dir dann Randnotizen, indem du die Stellen markierst und das passende Stichwort danebenschreibst.

Der Braunbär

Den Braunbär findet man auf drei Kontinenten: Asien, Europa und Nordamerika. Die meisten Braunbären leben heute noch in Nordamerika, besonders in Alaska und Kanada. Ihr Lebensraum sind bergige Landschaften, in denen nur wenige Bäume stehen.

Lebensraum

Braunbären sind sehr große und starke Tiere. Sie können bis zu 600 kg schwer sein und sind aufgerichtet bis zu 3 m hoch. Sie haben meist ein langes, dichtes und dunkelbraunes Fell. Braunbären haben keine Schneidezähne. Stattdessen haben sie breite, ziemlich flache Backenzähne.

Braunbären halten eine Winterruhe. Sie schlafen nicht durch wie andere kleinere Säugetiere, die einen Winterschlaf halten, sondern sie wachen immer mal wieder auf, um sich etwas zu fressen zu suchen.

Die Sinnesorgane des Bären sind sehr gut ausgeprägt. Braunbären gehören zur Gruppe der Raubtiere. Sie erlegen Vögel, Nagetiere, Fische und auch große Huftiere wie zum Beispiel Hirsche und Elche. Sie sind jedoch Allesfresser und zu ihrer pflanzlichen Nahrung gehören Wurzeln, Pilze, Nüsse und notfalls sogar Gras. Im Herbst sind reife Früchte und Beeren bei den Braunbären besonders beliebt.

Was meine ich?

› Lies zunächst den Text.

Die Nacht war kalt. Der Misthaufen hoch. Ich hatte noch nie die Sonne geweckt. Mutter stand in der Stalltür und nickte. Sie traute mir alles zu. Ich krähte. Die Sonne ging auf. Ich hatte sie geweckt.

Gegen Mittag kam Hedi zu mir. Hedi ist so alt wie ich. Sie sagte: „Bild' dir bloß nichts ein. Die Sonne geht auch ohne dich auf." Ich glaubte ihr nicht. Und weckte am nächsten Morgen die Sonne. Ganz allein.

[...] „Du weckst sie nicht. Du weckst sie nicht. Und ich kann es beweisen", sang Hedi und lief hinter den Stall. Sie hatte einen Stock in der Kralle und malte etwas in den Sand. „Hör zu, du Hähnchen, die Sache läuft so. Unsere Erde ist eine Kugel und fliegt um die Sonne. Nur für uns sieht es so aus, als ob sie aufgeht. In Wirklichkeit fliegen wir um die Sonne, kapiert?"

[...] Der nächste Morgen. Es war grauenhaft. Ich krähte nicht und der Hahn vom Nachbarhof krähte auch nicht. Niemand krähte. Und die Sonne ging trotzdem auf. Sie hatte sich selbst geweckt! Ich war sinnlos geworden.

Auf dem Hof war alles still. Menschen und Tiere schliefen. Auch der Bauer schnarchte. Gegen Mittag fingen die Kühe an zu brüllen, weil sie gemolken werden mussten. Die Schweine grunzten nach Futter. Die Pferde hatten kein Heu und wieherten. Es war ein Höllenkonzert. Da kam der Bauer aus dem Haus und rief: „Wo ist dieser verdammte Hahn?!"

Martin Baltscheit

Was meine ich?

Anfänger

Eine gute Leserin, ein guter Leser legt nach dem Lesen einen Text nicht einfach weg, sondern beurteilt ihn.

› Wer hat nun recht? Der Hahn oder die Henne Hedi? Begründe.

____

____

____

› Wenn dir die Geschichte gefallen hat, kannst du in eine Bücherei gehen und dir das Buch ausleihen. Dann liest du die Geschichte ganz und schreibst hier eine Leseempfehlung.

Titel: Der Sonnenwecker

Autor: ____________________

Darum geht es: ____________________

____

____

____

____

Mir gefällt es, weil: ____________________

____

____

____

Zusammengefasst!

Wenn du das Wichtigste aus einem Text auf einem Stichwortzettel oder Steckbrief zusammenfasst, merkst du schnell, ob du den Text verstanden hast.

› Schau dir den Text über Braunbären von Seite 21 noch einmal an. Lege nun mithilfe deiner Unterstreichungen und Randnotizen einen Steckbrief an.

Lebensraum Asien, Europa ____________________

____

____

____

Aussehen ____________________

____

____

____

Nahrung ____________________

____

____

____

besondere Merkmale ____________________

____

____

____

Zusammengefasst!

Anfänger

› Du hast auf Seite 20 die Geschichte von den feindlichen Schrauben gelesen. Schreibe nun das Gespräch der beiden Schrauben in die Sprechblasen.

› Trage das Gespräch mit einem Partner vor.

› Erzähle den Zuhörern mit deinen eigenen Worten, wie der Streit zwischen den beiden Schrauben ausgegangen ist.

Strategien anwenden

Um einen Text schnell und gut zu verstehen, wendest du am besten mehrere Strategien an.

› Schau dir den Text an, ohne ihn richtig zu lesen. Was meinst du, worum es sich handelt? Kreuze an.

Der verdrehte Schmetterling

Ein Metterschling
mit flauen Bügeln
log durch die Fluft.
Er wurde einem Computer entnommen,
dem war was durcheinander gekommen:
irgendein Drähtchen,
irgendein Rädchen,
und als man es merkte,
da war's schon zu spätchen.
Da war der Metterschling schon feit wort,
wanz geit.
Mir lut er teid.

Mira Lobe

Sachtext ☐ Bastelanleitung ☐

Gedicht ☐ Märchen ☐

Zeitungsartikel ☐ Rezept ☐

› Warum hast du dich so entschieden?

___

___

___

___

Strategien anwenden

Anfänger

› Lies nun den Text „Der verdrehte Schmetterling“ auf der vorhergehenden Seite. Welche Wörter klingen „verdreht“? Unterstreiche sie.

› Schreibe das Gedicht neu auf. Die verdrehten Wörter sollst du dabei „entdrehen“.

Der verdrehte Schmetterling

Ein Schmetterling

mit blauen Flügeln

› Lies nun beide Texte laut. Welcher gefällt dir besser und warum? Begründe.

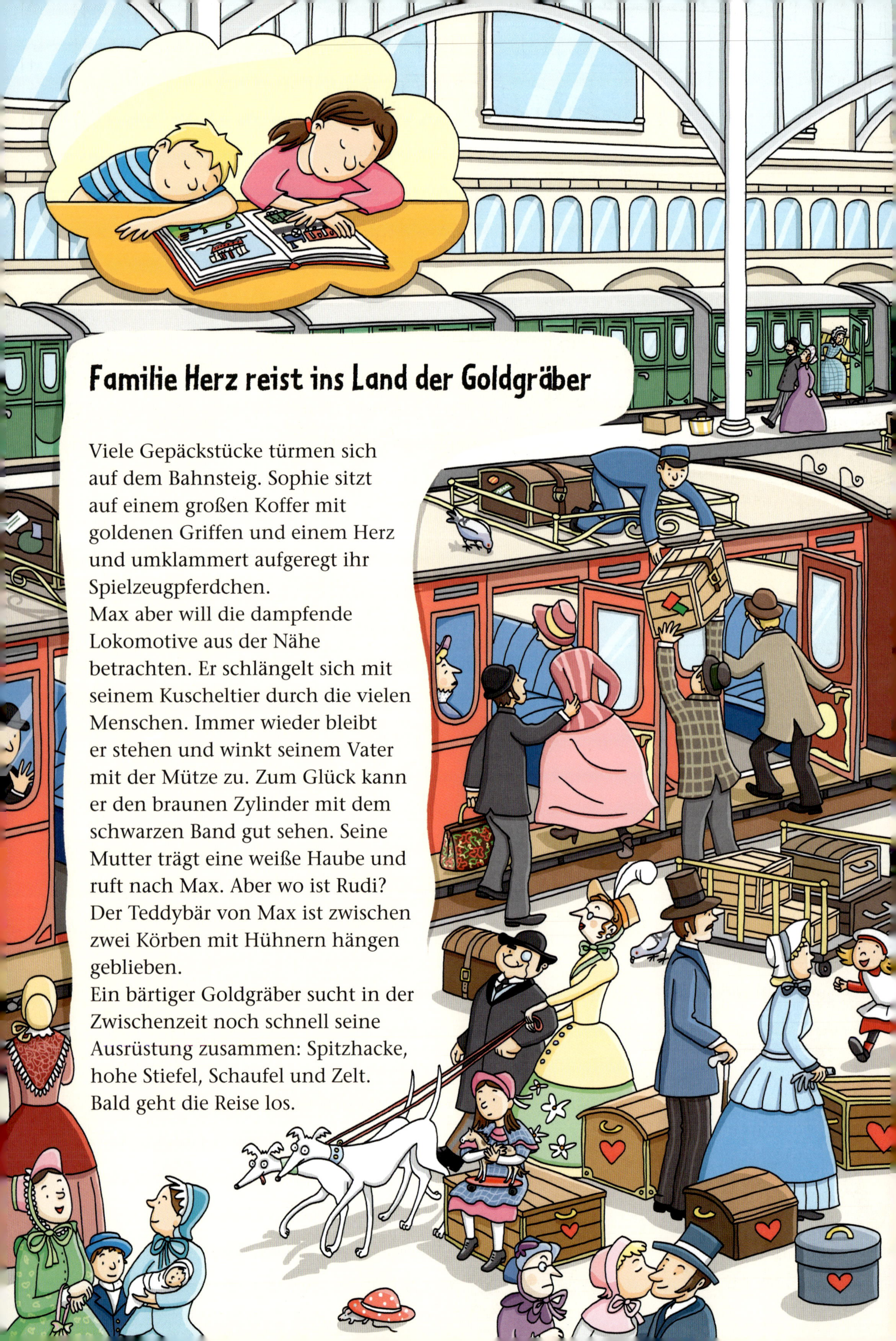

Familie Herz reist ins Land der Goldgräber

Viele Gepäckstücke türmen sich auf dem Bahnsteig. Sophie sitzt auf einem großen Koffer mit goldenen Griffen und einem Herz und umklammert aufgeregt ihr Spielzeugpferdchen.
Max aber will die dampfende Lokomotive aus der Nähe betrachten. Er schlängelt sich mit seinem Kuscheltier durch die vielen Menschen. Immer wieder bleibt er stehen und winkt seinem Vater mit der Mütze zu. Zum Glück kann er den braunen Zylinder mit dem schwarzen Band gut sehen. Seine Mutter trägt eine weiße Haube und ruft nach Max. Aber wo ist Rudi? Der Teddybär von Max ist zwischen zwei Körben mit Hühnern hängen geblieben.
Ein bärtiger Goldgräber sucht in der Zwischenzeit noch schnell seine Ausrüstung zusammen: Spitzhacke, hohe Stiefel, Schaufel und Zelt. Bald geht die Reise los.

- Suche Max, Sophie, den Vater und die Mutter.
- Setze den Teddybären Rudi dorthin, wo ihn Max verloren hat. (✂ S. 79)
- Suche die Ausrüstung des Goldgräbers.
- Wie viele Gepäckstücke hat Familie Herz?

Auf einen Blick!

Bevor du mit dem Lesen anfängst, schau dir zuerst den Text an und achte darauf, wie er gestaltet ist.

› Schau dir die drei Textausschnitte nur an, ohne sie zu lesen. Überlege dann, welchen Text du in welchem Buch findest. Verbinde.

„Wir brauchen eine Fackel", sagt Dragan. Aus trockenen Ästen und Gräsern binden sie eine Fackel, die der Wilde Jim anzündet. Sie brauchen nicht sehr tief in die Höhle vorzudringen. Schon nach wenigen Metern stoßen sie auf eine große Truhe. Vor der Truhe türmen sich goldene Kelche, Teller, Schalen und eine Schatulle. Und erst die Truhe selber! Randvoll mit goldenen Münzen.

43

Vom Himmel zur Erde
Treffen die Minitropfen im Himmel aufeinander, entsteht eine Wolke. Wenn sich die Luft abkühlt, schließen sich die kleinen Tropfen zu immer größeren zusammen. Schließlich fallen sie als Regen, Schnee oder Hagel auf die Erde zurück. Ein Teil des Wassers verdunstet dort direkt wieder oder landet in Flüssen, die zum Meer fließen. Ein anderer Teil versickert im Erdboden.

Was weiß ich schon?

Bevor du mit dem Lesen anfängst, überlege, um welche Art von Text es sich handelt. Das hilft dir später beim Lesen.

› Schau dir die Textausschnitte nur an, ohne sie zu lesen. Ordne die Begriffe den verschiedenen Texten zu.

Fahrplan | Rezept | Kassenbon | Lexikonartikel

Blutsuppe

Zutaten pro Portion:
- ☐ 250 g Tomaten
- ☐ 1 Zwiebel
- ☐ 100 ml Brühe
- ☐ 1 Teelöffel Mehl
- ☐ 1 Teelöffel Butter
- ☐ Salz und Pfeffer
- ☐ Toastbrot

____

Vampire Sie gehören zur Familie der Fledermäuse und leben in den Tropen. Sie werden zwischen 6,5 cm und 9 cm lang. Vampire ernähren sich vom Blut von Säugetieren oder Vögeln.

____

Kaufhaus
Am Markt 25
53675 Bonn

Vampirgebiss	1	4,99
Umhang schw	1	15,80
Schminke wei	2	3,90
Schminke rot	1	1,95
Anzahl Artikel	5	
Summe EUR		26,64

____

Geisterbahn

Fahrten
Mo – Fr von 9.00 bis 18.00 Uhr
Alle 30 Minuten
Sa/So von 10.00 bis 20.00 Uhr
Alle 15 Minuten

____

Auf einen Blick!

› Schau dir die beiden Texte nur an. Wie sind sie gestaltet?
Kreuze an, was du jeweils findest.

a)

30.06.

Straßen standen unter Wasser

Bonn Der Sommer scheint sich vorerst verabschiedet zu haben. Ein Unwetter brach gestern Nachmittag über den Bonner Norden herein. Innerhalb von wenigen Minuten fielen bis zu 50 Liter Regen pro Quadratmeter, sodass innerhalb kürzester Zeit Straßen überflutet wurden und zahlreiche Keller voll Wasser liefen. Die Feuerwehr war bis zum frühen Abend im Dauereinsatz.

b)

(1) Fred hat 50,– € gespart.
Er möchte sich einen Fußball und ein Trikot kaufen.

Frage: ______________________

Rechnung: ______________________

Antwort: ______________________

a)

	Überschrift
	Fotos/Bilder
	Datum
	Tabelle
	fett gedruckte Wörter oder Sätze
	Zahlen

b)

	Überschrift
	Fotos/Bilder
	Datum
	Tabelle
	fett gedruckte Wörter oder Sätze
	Zahlen

› Wo kannst du solche Texte finden?

a) ______________________ **b)** ______________________

Worum geht es wohl?

Bevor du mit dem Lesen beginnst, überlege, worum es in dem Text gehen könnte. Bestimmt geben dir die Überschrift oder der Buchtitel schon Hinweise.

› Zu welcher Art Text gehört die Überschrift? Was vermutest du? Kreuze an.

Gruselett

	Es ist ein Sachtext.
	Es ist eine Personenbeschreibung.
	Es ist ein Gedicht.

› Wovon handelt wohl ein Text mit der Überschrift „Gruselett“?

____

____

____

› Zu welchem Leseort passt ein Text mit der Überschrift „Gruselett“? Kreuze an.

Begründe deine Meinung: ____________________________

____

____

W-Fragen gestellt?

W-Fragen helfen dir, Wichtiges im Text herauszufinden. Dabei merkst du auch, ob du ihn verstanden hast.

› Lies dir jetzt den Text durch. Beantworte anschließend die W-Fragen.

Gruselett
Der Flügelflagel gaustert
durchs Wiruwaruwolz
die rote Fingur plaustert
und grausig gutzt der Golz.

Christian Morgenstern

1. Wer kommt in dem Gedicht vor?

____

2. Wo befindet sich der Flügelflagel?

____

3. Was macht der Flügelflagel?

____

4. Wie ______________________________?

____

› Fallen dir noch weitere Fragen ein?

____

____

____

Ein Bild gemacht?

Wenn du zu einem Text malst, beschäftigst du dich noch einmal damit. Die Bilder helfen dir, den Text zu verstehen.

› Welche Bilder entstehen in deinem Kopf, wenn du das Gedicht liest? Wie stellst du dir einen Flügelflagel, das Wiruwaruwolz oder den Golz vor? Male in die Kästen.

Flügelflagel

Wiruwaruwolz

Golz

W-Fragen gestellt?

Stell dir vor, die Regenbogenschule ist deine Schule und du liest an einem Morgen in der Zeitung die folgende Überschrift:

Unfall in der Regenbogenschule

› Was möchtest du erfahren, wenn du die Zeitungsmeldung liest? Schreibe alle Fragen auf, die dir einfallen.

› Überprüfe, ob du alle 6 W-Fragen gestellt hast.

Wer? Wann? Wo? Was? Wie? Warum?

› Lies nun die ganze Zeitungsmeldung.

Unfall in der Regenbogenschule
Happerschoß Gestern verletzte sich in der Regenbogenschule erneut eine Schülerin beim Sportunterricht. Die 10-Jährige stürzte beim Warmlaufen und brach sich das linke Bein. Die Schülerin wurde ins Krankenhaus eingeliefert. Vermutlich war wieder der glatte Hallenboden die Ursache des Unfalls.

› Unterstreiche in der Zeitungsmeldung die Antworten auf deine W-Fragen. Schreibe die W-Fragen an den Rand des Textes und verbinde die passende Frage mit der entsprechenden Textstelle.

Wichtiges markiert?

› Lies dir die Sätze möglichst schnell durch und markiere in jedem Satz das Wort, das anders ist.

› Markiere dann den richtigen Satz am Rand mit einem Ausrufezeichen. Sätze, bei denen du nicht sicher bist, ob sie richtig sind, markiere mit einem Fragezeichen.

Eine Schülerin verletzte sich beim Kaufen.
Eine Schülerin verletzte sich beim Laufen.
Eine Schülerin verletzte sich beim Raufen.

Die Lehrerin bringt frische Bäume ins Krankenhaus.
Die Lehrerin bringt frische Blumen ins Krankenhaus.
Die Lehrerin bringt frischen Blumenkohl ins Krankenhaus.

Die Klasse malt ihr ein schönes Kleid.
Die Klasse malt ihr ein schönes Schild.
Die Klasse malt ihr ein schönes Bild.

Das Bild an der Wand hängt nur an einem Nabel.
Das Bild an der Wand hängt nur an einer Nadel.
Das Bild an der Wand hängt nur an einem Nagel.

Der Tag, an dem Katja aus dem Krankenhaus kommt,
ist für sie ein großer Festtag.
Der Tag, an dem Katja aus dem Krankenhaus kommt,
ist für sie ein großer Testtag.
Der Tag, an dem Katja aus dem Krankenhaus kommt,
ist für sie ein großer Pechtag.

Katja kann jetzt nicht zu Fuß zur Schule gehen.
Katja kann jetzt nicht zu Fuchs zur Schule gehen.
Katja kann jetzt nicht zu Flug zur Schule gehen.

Sie kann nur mit Brücken gehen.
Sie kann nur mit Krücken gehen.
Sie kann nur mit Blöcken gehen.

Zwischenüberschriften gefunden?

› Lies dir das Gedicht durch.

› Teile den Text in drei Sinnabschnitte. Ziehe dafür eine Linie nach einem Abschnitt. Finde für jeden Abschnitt eine Überschrift und schreibe sie daneben.

› Denke dir eine passende Überschrift für das ganze Gedicht aus.

Abends goss Herr Neppich
Kleister auf den Teppich.
Einen Eimer Kleister,
denn so fängt man Geister:
Wenn sie nachts ihr Wesen treiben,
werden sie drauf kleben bleiben –
dann stehen zum Besichtigen
die Geister da, die richtigen.
Am Morgen war nicht einer
gefangen, auch kein kleiner.
Da war Herr Neppich böse,
er machte ein Getöse:
„Was? Teufel! Keine Geister?
Schuld ist der schlechte Kleister!“
Zur Probe trat Herr Neppich
persönlich auf den Teppich.
Jedoch – o wie betrüblich! –
Der Kleister hielt vorzüglich.
Vorzüglich hielt der Kleister.
Nachts riefen alle Geister:
„Wie lustig, auf dem Teppich,
da steht er, der Herr Neppich!“

Josef Guggenmos

Ein Bild gemacht?

› Unterstreiche die Schlüsselwörter in dem Text. Hier sind es die Wörter, die dir sagen, wie das Wetter wird.

Weitere Aussichten

Der Sonntag wird sehr wechselhaft. Im Verlauf des Tages kommt es immer wieder zu heftigen Regengüssen. Die Temperaturen liegen zwischen 16 und 18 Grad. Am Montag ist es trocken. Nach anfänglicher Bewölkung kommt immer häufiger die Sonne durch. Die Temperaturen steigen bis auf 24 Grad.

› Zeichne in die Kästen, wie das Wetter am Sonntag und Montag wird.

Sonntag	Montag

Wichtiges markiert?

Du verstehst einen Text leichter, wenn du dich auf das Wichtige konzentrierst.

› Lies den Text und markiere die Schlüsselwörter.

Ein alter Lappe saß jeden Tag auf einer Treppe, die zu einer Kuppel hinaufführte. Deshalb hieß er Kuppeltreppenlappe.

Der kleine Seppel, der ein gutes Herz hatte, brachte ihm ab und zu einen Teller Suppe und sagte: „Hier bringe ich dir deine Kuppeltreppenlappensuppe.“ „Fein“, antwortete der Lappe, „dann bist du also der Kuppeltreppenlappensuppenseppel. Und zum Dank für deine Freundlichkeit schenke ich dir meine bunte Kappe.“

Da hatte der Seppel nun also eine Kuppeltreppenlappensuppenseppelkappe. Er setzte sie stolz auf seinen blonden Schüppel, man könnte auch sagen, auf seinen Kuppeltreppenlappensuppenseppelkappenschüppel.

Michael Ende

› Male zu jedem Abschnitt ein Bild, das den Inhalt genau wiedergibt.

Alles verstanden?

Du kannst nicht immer jedes Wort in einem Text kennen.

› Schreibe die Geschichte vom Kuppeltreppenlappen ohne die Schlangenwörter mit deinen eigenen Worten auf.

› Lies jetzt den eigentlichen Text und deinen vereinfachten und gekürzten Text laut vor. Was stellst du fest?

Zusammengefasst!

› Du hast den Flügelflagel aus dem Gedicht von Seite 34 bereits gemalt. Fertige nun einen Steckbrief zu dieser Figur an. Die folgenden Begriffe können dir dabei helfen:

Größe

Aussehen

Lebensraum

Nahrung

Fortbewegung

Richtig vermutet?

Bevor du mit dem Lesen beginnst, sollst du überlegen, worum es in dem Text geht. Überprüfe, nachdem du den Text gelesen hast, ob du richtig vermutet hast.

› Du hast das Gedicht „Gruselett“ gelesen. Ist deine erste Vermutung zu der Überschrift eingetroffen? Blättere dazu zurück. Begründe.

____

____

› Wo und wann sollte man dieses Gedicht am besten lesen?

____

____

› Wie gefällt dir das Gedicht? Begründe deine Meinung.

____

____

____

› Trage das Gedicht jemandem vor, der es bisher nicht kennt. Wie kommt das Gedicht an? Frage, was der- oder diejenige darüber denkt. Notiere die Aussagen.

____

____

____

____

____

Was meine ich?

Du hast das Gedicht über Herrn Neppich auf Seite 38 gelesen. Nachdem Herr Neppich auf dem Teppich kleben blieb, rief er die Feuerwehr an, damit sie ihn befreit. Mit dabei war auch ein Reporter, der Herrn Neppich anschließend interviewte.

Reporter: Herr Neppich, wie lange wohnen Sie schon in diesem alten Haus?

H. Neppich: Seit über 70 Jahren. Wissen Sie, das Haus ist sehr, sehr alt. Meine Großeltern haben hier auch schon gewohnt.

Reporter: Hat es jemals besondere Vorkommnisse gegeben?

H. Neppich: Eigentlich nicht. Nur in den letzten Wochen hörte ich nachts plötzlich komische Geräusche.

Reporter: Was waren das für Geräusche? Beschreiben Sie sie.

H. Neppich: Manchmal hörte ich Schritte und ein Gurgeln, so, als wenn irgendwo Wasser läuft. Und dann konnte ich leise Stimmen hören.

Reporter: Was glauben Sie, woher die Geräusche kamen? Gibt es hier Geister? Unheimlich genug wirkt das Haus ja.

H. Neppich: Geister? Nein! Wer glaubt denn heute noch an so etwas! Ich vermute vielmehr, dass es sich um Einbrecher handelte!

Reporter: Und diese haben Sie versucht zu fangen? Mit Kleister? Das habe ich ja noch nie gehört, dass das klappt!

H. Neppich: Ähm. Nein, ich, ähm … Wissen Sie, ich dachte, ich kann die Einbrecher überraschen mit dem Kleister und – ihnen den Kleister über den Kopf kippen …

Reporter: Ach so, ja. Das geht natürlich auch. Dass so etwas geht, wusste ich nicht, aber ich werde es in meinem Artikel erwähnen. Nun gut, Herr Neppich, vielen Dank für dieses spannende Interview. Vielleicht schaffen Sie sich besser eine Alarmanlage an. Das wäre etwas einfacher.

Was meine ich?

Eine gute Leserin, ein guter Leser legt nach dem Lesen einen Text nicht einfach weg, sondern beurteilt ihn.

› Was hat der Reporter von Herrn Neppich erfahren? Fasse mit eigenen Worten zusammen.

› Warum, glaubst du, erzählt Herr Neppich dem Reporter eine andere Geschichte?

› Welche Variante der Geschichte gefällt dir besser? Die im Gedicht oder diejenige, die Herr Neppich dem Reporter erzählt? Blättere zum Gedicht zurück. Begründe.

Strategien anwenden

Um einen Text schnell und gut zu verstehen, wendest du am besten mehrere Strategien an.

Der Tornado – ein Staubsauger am Himmel

› Was erwartest du von einem Text mit dieser Überschrift?

____

____

› Was weißt du schon über Tornados?

____

____

› Lies dir den Text genau durch. Markiere zunächst die Wörter, die du nicht verstehst und kläre sie.

Tornados sind gefährliche Wirbelstürme und saugen wie riesige Staubsauger, alles ein, was ihnen zu nahe kommt: Tiere, Menschen, Autos, Häuser oder Bäume. Ein Tornado entsteht, wenn es im Juni oder Juli besonders warm ist, aus einer Gewitterwolke. Die warme Luft unter der Wolke steigt nach oben. Dabei dreht sie sich immer schneller, wie das abfließende Wasser in einem Waschbecken oder in einer Badewanne. Es entsteht ein Strudel an der Unterseite der Wolke, der wie ein Rüssel aussieht. Je schneller er sich dreht, desto mehr dehnt er sich zum Boden hin aus. Wenn der Rüssel den Boden berührt, dann saugt er alles auf, was ihm in den Weg kommt und hebt es empor. Ein Tornado kann Autos und Häuser mehrere Kilometer weit tragen. Seine Windgeschwindigkeit kann im Inneren bis zu 500 Stundenkilometer betragen. Tornados können ganz plötzlich entstehen, deshalb sind sie so gefährlich. Bevor ein Tornado losbricht, verdunkelt sich der Himmel und färbt sich grünlich. Die Wolken türmen sich auf, es hagelt sehr stark und es ertönt ein ohrenbetäubender Lärm.

› Stelle Fragen an den Text und schreibe sie auf.

› Lies den Text jetzt noch einmal und markiere die Schlüsselwörter.

› Was hast du über Tornados erfahren? Fasse die wichtigsten Aussagen mit eigenen Worten zusammen.

› Was hast du durch den Text neu hinzugelernt?

› Beurteile den Text. Streiche die Aussagen, die nicht für dich zutreffen durch. Begründe deine Meinung.

Ich fand den Text: spannend/langweilig.

schwer/leicht zu lesen.

Begründung:

Die Reise zu Wasser

Familie Herz hat zum Glück eine Kabine auf dem Schiff gefunden. Die Gepäckstücke sind sicher verstaut. In welchem Laderaum sind sie? Max möchte es zu gern wissen, denn er hat seinen Teddy Rudi in der Aufregung bei den Koffern vergessen. Heimlich macht er sich mit Sophie auf die Suche nach Rudi. Sie hat sich das Deck und den richtigen Laderaum gemerkt.
Über Stiegen und Leitern wählen sie den kürzesten Weg. Max hat in der Eile eine Stufe übersehen und stürzt kopfüber die breite Treppe hinab. Unten angekommen kann er schon wieder lachen, denn der Kellner hat vor Schreck das Tablett fallen lassen.
Schnell rennen sie den langen Gang entlang bis zur letzten Stufenleiter. Unmittelbar hinter der schweren Eisentür entdeckt Max sein geliebtes Kuscheltier.
Da hören sie lautes Kreischen:
„Iiih, eine Maus!“
Die lange Seereise wird aufregend und gar nicht langweilig.

- Zähle die Anzahl der Betten und du kennst die Kabine der Familie Herz.
- Suche den kürzesten Weg, den Max und Sophie von der Kabine zum Laderaum gelaufen sind.
- Klebe Küche und Vorratskammer mit der richtigen Lasche zu, damit keine Maus hineinschlüpfen kann. (S. 77)
- Welche Kabine bewohnt der bärtige Goldsucher?

Was weiß ich schon?

Bevor du mit dem Lesen beginnst, überlege, was du schon zum Thema weißt. Es hilft dir, den Text besser zu verstehen.

› Schreibe auf, was du schon über die Pole der Erde weißt.

› Ist es am Nordpol kalt und am Südpol heiß? Was meinst du?

› Wie kannst du dich über die Pole der Erde informieren?

den Text „Die beiden Pole unserer Erde“ auf Seite 56 lesen ☐

im Internet recherchieren ☐

zu den Polen reisen ☐

Erwachsene oder Freunde fragen ☐

in einem Sachbuch oder in einem Lexikon nachschlagen ☐

› Was möchtest du erfahren?

Was weiß ich schon?

Kölner Stadt-Anzeiger – 8./9. März

Arche Noah im Eis

Mit Pflanzensamen gegen das Aussterben

› Dies ist die Überschrift eines Zeitungsartikels. Woran kannst du das erkennen?

› Was weißt du bereits über die Begriffe „Arche Noah“ und „Pflanzensamen“?

› Überlege, worum es in diesem Zeitungsartikel gehen könnte.

Auf einen Blick!

Bevor du mit dem Lesen anfängst, schau dir zuerst den Text an und achte darauf, wie er gestaltet ist. Aus der Gestaltung kannst du oft darauf schließen, um welche Art von Text es sich handelt.

Ein erbitterter Zweikampf
Im Jahr 1911 kam es zwischen dem Norweger Roald Amundsen und dem Engländer Robert Scott zu einem erbitterten Zweikampf. Jeder von ihnen wollte mit seiner Expedition als Erster durch das Eis der Antarktis bis zum Südpol vordringen.

› Dies ist der Anfang eines Textes. Woran erkennst du, dass es sich bei diesem Text um einen Sachtext handelt?

› Worum geht es in diesem Text?

› Was weißt du schon?

Worum geht es wohl?

Bevor du mit dem Lesen beginnst, überlege, worum es in dem Text gehen könnte. Bestimmt geben die Überschrift und Bilder schon Hinweise.

Der Eisbär – sein Lebensraum und sein Jagdverhalten

Der Eisbär lebt in der Arktis. Diese Gegend besteht zu großen Teilen aus Treibeis. Das sind riesige Eisplatten, die wie Inseln auf dem Wasser schwimmen und treiben.

› Schau dir die Überschrift des Textes und den Textanfang an. Was ist das für ein Text?

	eine Erzählung
	eine E-Mail

	ein Sachtext
	ein Zeitungsartikel

› Worum geht es wohl in diesem Text? Schreibe deine Vermutungen auf.

____

____

____

› Was wirst du nicht in diesem Text finden? Kreuze an.

Informationen zum Aussehen von Eisbären ☐

Informationen zum Jagdverhalten ☐

Witze über Eisbären ☐

Hinweise, wo der Eisbär zu Hause ist ☐

Randnotizen gemacht?

Für Randnotizen sollst du ganz wenig notieren. Wichtige Stichwörter aus dem Text können dir dabei helfen.

› Unterstreiche die Wörter im Text, die du nicht verstehst. Schlage dann die Wörter nach.

› Markiere die Textstellen, die zum Thema „Lebensraum“ gehören, und die Textstellen, die zum Thema „Jagdverhalten“ gehören. Mache Randnotizen.

Der Eisbär – sein Lebensraum und sein Jagdverhalten

Der Eisbär lebt in der Arktis. Diese Gegend besteht zu großen Teilen aus Treibeis. Das sind riesige Eisplatten, die wie Inseln auf dem Wasser schwimmen und treiben.

Lebensraum

Für die Eisbären ist das Treibeis ein wichtiger Lebensraum. Hier jagen sie Seehunde, Robben und kleine Wale. Eisbären sind ausgezeichnete Jäger. Sie können sehr gut hören und sehen und unglaublich gut riechen. Es gelingt ihnen, auf eine Entfernung von 30 km Nahrung zu wittern. Arktisforscher berichteten, dass schon nach wenigen Minuten Eisbären auftauchten, wenn sie ihr Essen zubereiteten. Selbst wenn sich Seehunde in ihren Höhlen unter einer dichten Eisschicht aufhalten, können Eisbären sie riechen. Mit ihren starken Pfoten durchschlagen sie dann die dicke Eisschicht, um ihre Beute mit einem schnellen Prankenhieb zu töten.

Wenn im Sommer das Treibeis zu schmelzen beginnt, müssen sich die Eisbären vom Meer entfernen und ins Landesinnere wandern. Durch den Klimawandel geschieht das immer früher im Jahr. Im Landesinneren finden die Eisbären nur Gras, Beeren, kleine Säugetiere und Vögel als Nahrung.

Heute müssen die frei lebenden Eisbären ihren Lebensraum mit großen Ölbohranlagen teilen. Aber auch im Zoo sind Eisbären oft sehr unglücklich. Während sie in freier Wildbahn in einer Woche Hunderte von Kilometern zurücklegen, haben sie im Zoo oft einen sehr begrenzten Lebensraum.

W-Fragen gestellt?

W-Fragen helfen dir, Wichtiges im Text herauszufinden. Dabei merkst du auch, ob du ihn verstanden hast.

› Lies dir das Gedicht durch und beantworte anschließend die W-Fragen.

Der Eisbär

Im Zoo
macht der Eisbär immer so.

Er schwenkt den Kopf nach links hinüber,
schwenkt den Kopf nach rechts dann wieder.

Viele Leute schauen zu,
wie er seinen Schädel schwenkt.
Schauen zu und wüssten gern,
was er dabei denkt.

Josef Guggenmos

1. Wer kommt in dem Gedicht vor?

____

2. Was macht ______________________________ ?

____

3. Wo macht ______________________________ ?

____

› Fallen dir noch weitere Fragen ein?

____

____

____

Wichtiges markiert?

Du verstehst einen Text leichter, wenn du dich auf das Wichtige konzentrierst.

› Lies zunächst den Text genau.

Die beiden Pole unserer Erde

Der Nordpol ist der nördlichste Ort der Erde. Er liegt in einem riesigen Eismeer. Das Gebiet um den Nordpol nennt man Arktis. Der Forscher Robert Peary erreichte als erster Mensch im Jahre 1909 die Nähe des Nordpols. Er glaubte noch, dass das Gebiet nur aus Eis bestehe. Das U-Boot Nautilus aber fuhr im Jahr 1958 unter der Eisschicht des Nordpols hindurch. Das war ein gefährliches Unternehmen. Es ist sehr kalt am Nordpol, weil die Sonne dort niemals hoch am Himmel steht. Dennoch leben viele Tiere am Nordpol, zum Beispiel Eisbären und Robben. Das Gebiet um den Südpol nennt man Antarktis. Die Silbe *ant* bedeutet „gegen“. Bei der Antarktis handelt es sich im Gegensatz zur Arktis um festes Land, das von einer mächtigen Eisschicht bedeckt ist. In der Antarktis leben Pinguine und Robben oft in grausamer Kälte. Die tiefste gemessene Temperatur betrug –88,3 °C. Im Jahr 1911 kam es zu einem spannenden Wettlauf zwischen dem norwegischen Forscher Roald Amundsen und dem Engländer Robert Scott. Beide wollten als erster Mensch den Südpol erreichen. Amundsen kam zuerst ans Ziel. Scott kam auf dem Rückweg in einem Eissturm ums Leben.

› Enthält der Text für dich wichtige Informationen?

Ja ☐ Nein ☐

› Welche Informationen enthält der Text zum Klima und zu Tieren? Markiere die wichtigen Wörter und Stellen im Text.

W-Fragen gestellt?

Wer? Wann? Wo?
Was? Wie? Warum?

› Beantworte nun die W-Fragen.

1. Wo liegen die beiden Pole unserer Erde?

2. Wie unterscheiden sich Arktis und Antarktis?

3. Wer gelangte als erster Mensch in die Nähe des Nordpols?

4. Wer wollte als erster Mensch den Südpol erreichen?

5. Wann erreichte der erste Mensch den Südpol?

6. Warum war es so schwierig, den Südpol zu erreichen?

Wie lese ich?

Während des Lesens solltest du immer wieder überlegen, ob du noch so liest, wie du es dir vorgenommen hast.

› Lies den Text zunächst genau.

Ein erbitterter Zweikampf

Im Jahr 1911 kam es zwischen dem Norweger Roald Amundsen und dem Engländer Robert Scott zu einem erbitterten Zweikampf. Jeder von ihnen wollte mit seiner Expedition als Erster durch das Eis der Antarktis bis zum Südpol vordringen. Scott startete mit Ponys und Motorschlitten, während Amundsen sein Glück mit Hundeschlitten versuchte. Amundsen erreichte mit seinen Begleitern als erster Mensch am 15. Dezember 1911 den Südpol.

Wir legten 15 geographische Meilen zurück. […] Die Hunde ziehen prächtig, und das Fahren […] ist ideal. Verstehe nicht, wenn die Engländer sagen, dass Hunde hier nicht verwendet werden können […] Wie allerdings Menschen (zu Fuß) und Pferde bei diesen Schneeverhältnissen durchkommen wollen, weiß ich nicht […]

Amundsen hatte erkannt, dass Hunde mit dem Klima am Südpol besser zurechtkommen. Ein Sturm kann ihnen nichts anhaben, sie klappen eine Art Schneebrille, ein inneres Augenlid über den Augapfel und sind gegen das Wetter gut geschützt.

Scott erreichte den Pol völlig erschöpft am 16. Januar 1912. Seine Ponys waren wesentlich langsamer als die Hundeschlitten. Die geschundenen Tiere mussten schließlich erschossen werden. Die Motorschlitten gingen kaputt und Scott zog mit seinen Männern die Schlitten selbst. Auf dem Rückweg vom Pol starben Scott und seine vier Begleiter. Amundsen schrieb ein Buch, in dem er von seinen Erlebnissen und Erfahrungen berichtete.

› Überlege noch einmal, wie du den Text gelesen hast.

als Sachtext ☐

als Abenteuergeschichte ☐

als Zeitungsartikel ☐

W-Fragen gestellt?

Profis

› Stelle W-Fragen an den Text auf Seite 58. Schreibe dann die passende Antwort dazu.

1. Wer ______________________________?

______________________________.

2. Wann ______________________________?

Wichtiges markiert?

› Lies den Text durch. Unterstreiche die Stellen im Text, die ein Datum angeben und die Hinweise auf die Route der Seefahrer geben.

Vasco da Gama erreicht auf dem Seeweg Indien

Am 8. Juli 1497 sticht Vasco da Gama von Lissabon aus mit vier Schiffen und 170 Mann Besatzung in See. Unter der Mannschaft befinden sich viele zu Zwangsarbeit verurteilte Gefangene. Vasco da Gama hat Verpflegung für drei Jahre an Bord. Die Verpflegung besteht hauptsächlich aus Zwieback, Getreide und abgestandenem Wasser. Er hält zunächst Kurs auf die Kapverdischen Inseln, die zu den portugiesischen Besitzungen an der afrikanischen Westküste gehören, und erreicht diese im August 1497.
Nun wählt Gama eine neue riskante Route. Anstatt eng an der afrikanischen Küste entlangzusegeln, macht er einen großen Bogen im Südatlantik und umsegelt am Äquator herrschende Windstille. Nach 6000 km und 93 Tagen ankern die portugiesischen Schiffe in Helenabai, kurz vor dem Kap der Guten Hoffnung. Niemals zuvor segelten Seeleute solange ohne Zwischenaufenthalt.
Nun fährt Vasco da Gama an der Küste entlang. Er umrundet das Kap der Guten Hoffnung und gelangt an die Ostküste Afrikas. In Malinda, im heutigen Kenia, verschafft ihm ein Sultan einen Lotsen, der die Schiffe über den Indischen Ozean führt. Die Expedition erreicht unter Ausnutzung des Südwestmonsuns nach nur 23 Tagen am 18. Mai 1498 das im Südwesten Indiens gelegene Kalikut. Diese 16000 km von Lissabon entfernte Hafenstadt ist ein wichtiges Handelszentrum. Vasco da Gama kann zwar noch kein Handelsabkommen abschließen, aber er nimmt Gewürze wie Nelken, Ingwer, Zimt und Pfeffer mit auf die Rückreise, die er am 8. Oktober 1499 antritt. Die Überquerung des Indischen Ozeans dauert diesmal aufgrund des starken Gegenwinds drei Monate. Nur zwei Schiffe mit 55 Mann Besatzung laufen in den Hafen von Lissabon ein. Das erste der beiden Schiffe erreicht den sicheren Heimathafen am 10. Juli 1499. Da Gama selbst landet mit dem zweiten Schiff am 9. September 1499 in Lissabon an. Wie bei vielen Schiffsexpeditionen ist auch auf den Schiffen Vasco da Gamas Scorbut ausgebrochen. Der Seefahrer und die restlichen Überlebenden der Expedition werden begeistert empfangen. Sie haben bewiesen, dass Asien über den Seeweg zu erreichen ist.

› Wie viele Tage war Vasco da Gama auf der Expedition?

☐ Tage

Wichtiges markiert?

Profis

› Unterstreiche die Wörter und Begriffe, die du nicht kennst, und schlage sie nach.

› Markiere wichtige Textstellen und mache dir Randnotizen.

Kölner Stadt-Anzeiger – 8./9. März

Arche Noah im Eis

Mit Pflanzensamen gegen das Aussterben

Einst wurde Noah von Gott gewarnt, dass eine große Sintflut bevorstehe. Noah baute daraufhin ein Schiff, die Arche Noah. Er nahm seine Familie und viele Tierpaare mit an Bord und sorgte so dafür, dass sie nicht ausstarben. Eine ähnliche Arche wurde nun im norwegischen Spitzbergen gebaut, mitten im Eis, rund 1000 Kilometer vom Nordpol entfernt. Eine Arche nicht für Tiere, sondern für Pflanzen. Samenproben aus aller Welt lagern nun in dem riesigen Tiefkühlschrank: Weizen, Reis und viele andere Nutzpflanzen. Deutschland hat sein Fach unter anderem mit Bohnen und Hafer gefüllt, also Pflanzen, von denen sich Menschen und Tiere ernähren können.

Rund 4,5 Millionen Samenproben finden in den Kühlhallen Platz. Damit sie eines Tages vielleicht einmal die Menschheit retten können. Spitzbergen liegt weit entfernt von den Gefahren der Welt. Weit entfernt von Kriegen. Und 130 Meter über dem Meeresspiegel, luftdicht verschlossen in ihren großen Bunkern, sind die Samenproben auch vor großen Naturkatastrophen sicher. Anders als die Pflanzen draußen in der Natur. Sollte einmal ein großes Unglück geschehen, eine Naturkatastrophe oder ein Krieg, und viele Pflanzen plötzlich aussterben, hätte die Menschheit ein großes Problem: Denn wovon soll sie sich dann ernähren? Wie soll sie weiterleben? Die neue Samenbank ist nun so etwas wie eine Lebensversicherung für die Menschheit. Auch nach einigen Hundert Jahren können die Samen wieder aufgetaut werden, um sie zu säen und aus ihnen neue Pflanzen wachsen zu lassen. AL

Zusammengefasst!

Wenn du das Wichtigste aus einem Text mit eigenen Worten zusammenfasst, merkst du schnell, ob du den Text verstanden hast.

› Du hast auf Seite 61 den Zeitungsartikel „Arche Noah im Eis“ gelesen. Als Experte sollst du nun den Text mit deinen eigenen Worten zusammenfassen.

› Was hältst du von einer Arche Noah im Eis?

Was meine ich?

Eine gute Leserin, ein guter Leser legt nach dem Lesen einen Text nicht einfach weg, sondern beurteilt ihn.

› Du hast auf Seite 55 das Gedicht „Im Zoo“ von Josef Guggenmos gelesen. Überlege dir mithilfe der Informationen aus dem Sachtext „Der Eisbär – sein Lebensraum und sein Jagdverhalten“ (Seite 54), warum der Eisbär seinen Kopf hin und her schwenkt und „... was er dabei denkt.“

› Wie gefällt dir das Gedicht? Begründe deine Meinung.

› Trage das Gedicht jemandem vor, der es bisher nicht kennt. Frage, was der- oder diejenige darüber denkt. Notiere die Aussagen.

Zusammengefasst!

› Du hast auf Seite 56 den Text über die beiden Pole unserer Erde gelesen. Ein Pol liegt in der Arktis, der andere in der Antarktis. Schreibe nun einen Lexikonartikel über die Arktis und einen zweiten über die Antarktis.

Arktis

Antarktis

Was meine ich?

Profis

› Du hast den Text über Vasco da Gamas Seereise auf Seite 60 gelesen. Schreibe nun sein Logbuch. Dazu musst du alles Wichtige kurz zusammenfassen.

› Hat dir der Text gefallen?

Ja ☐ Nein ☐

› Würdest du auch gerne etwas über die zweite Expedition Vasco da Gamas lesen? Begründe.

Strategien anwenden

Viele Kleinigkeiten werden ein Großes

› Wovon handelt wohl eine Geschichte mit einem solchen Titel?

____

____

› Lies nun den ersten Teil des Textes genau. Nutze dabei die Strategien, die du bisher kennengelernt hast.

Viele Kleinigkeiten werden ein Großes

Es war einmal ein König, der mit den Edelleuten seines Hofes zu würfeln pflegte. Und wenn er verlor – was er oft tat –, dann bezahlte er seine Schulden, indem er Teile seines Königreiches gab: ein Waldstück vielleicht oder eine Kupfermine oder einen entlegenen Fluss voller Lachse. Der König behauptete, dass er nie wirklich viel verlor, aber einer seiner ehrlichsten Ratgeber war ganz anderer Meinung. Pascha hieß der Mann, und er warnte den König immer wieder vor dem Glücksspiel.

„Aber ich verliere doch nur ab und zu ein bisschen, Pascha."

„Viele Kleinigkeiten werden ein Großes", pflegte Pascha zu entgegnen und runzelte jedes Mal die Stirn, wenn wieder die Würfel herausgeholt wurden.

Um den König vom Würfeln abzulenken, erfand Pascha schließlich das Schachspiel. Es war ein Spiel zwischen zwei Armeen auf einem Brett mit 64 Feldern, und es dauerte nicht lange, da schlug es den König vollkommen in seinen Bann. Züge auf dem Schachbrett auszutüfteln war tausendmal spannender, als Sechserpaschs zu würfeln.

„Pascha", sagte der König, „du sollst eine Belohnung dafür bekommen, dass du dieses Spiel erfunden hast. Bitte mich, um was du willst, und wenn es in einem vernünftigen Rahmen bleibt, sollst du es haben."

„Das ist doch nicht nötig, Majestät."

„Doch, doch! Sag, was du als Belohnung haben willst."

Da lehnte sich Pascha zurück und dachte einen Augenblick nach. „Ich möchte Reis haben, wenn Eure Majestät damit einverstanden ist – ein paar Reiskörner."

„Wie viel genau?"

„Nun gebt mir ein Korn Reis für das erste Feld Eures Schachbretts, zwei Körner für das zweite, vier für das dritte und immer so weiter bis zum vierundsechzigsten."

„Das bisschen Reis scheint mir keine großartige Belohnung für den Dienst zu sein, den du mir geleistet hast."

„Mir soll es genug sein", sagte Pascha.

Strategien anwenden

› Was meinst du? Wird die Belohnung groß oder klein ausfallen? Begründe deine Meinung.

› Lies nun den Rest der Geschichte.

Ein paar Tage später wurde der König zu dem Speicher gerufen, in dem das Getreide aufbewahrt wurde. Es war ein gewaltiges Gebäude aus Holz, so groß wie ein Palast und bis oben hin mit Reis gefüllt. Die Ernte war in dem Jahr gut gewesen.
Einer seiner Ratgeber begrüßte den König mit besorgter Miene und sagte: „Majestät, wir haben nicht genug Reis, um Pascha zu geben, war Ihr ihm schuldet.“
„Was? Der Speicher ist doch bis zum Dachboden voll.“
„Seht her, ich habe es ausgerechnet: Nach drei Feldern auf dem Schachbrett sind es nur vier Reiskörner. Nach dem vierten Feld sind es 16 und nach dem zehnten Feld immer noch kaum eine Tasse voll. Aber nach der Hälfte der Felder steigt die Zahl in die Millionen!“ Der arme Mann breitete die Arme aus, als wollte er fragen, was er tun soll. „Es tut mir leid, Majestät, aber niemand kann mit solchen Zahlen umgehen. Nach vierzig Feldern sind es mehr Körner, als ich ausrechnen kann. Ich fürchte, es gibt weder in Eurem Königreich noch auf der ganzen Welt genug Reis, um Pascha zu geben, was Ihr ihm schuldet.“
Hm, dachte der König, der Pascha schon sagen hörte: „Viele Kleinigkeiten werden ein Großes.“
Das Ganze war ein guter Trick gewesen. Er ließ Pascha zu sich rufen und belohnte ihn nicht mit Reis, aber mit dem Posten des Ersten Königlichen Finanzberaters. Welcher Mann wäre auch besser geeignet gewesen, die königlichen Reichtümer zu verwalten?

› Markiere die Textstelle, die dir hilft, die Aussage des Ratgebers zu überprüfen. Mithilfe einer Tabelle kannst du es dir besser vorstellen.

› Wie gefällt dir die Geschichte? Begründe.

Die Suche nach Gold

Das Ziel der Reise ist erreicht. In einer Blockhütte hat Familie Herz ein neues Zuhause gefunden. Aber noch sind nicht alle Sachen ausgepackt. Nur Teddy Rudi durfte sich schon überall umsehen. Leider ist er dabei ins Wasser geplumpst. Deshalb muss er jetzt diese sonderbare Lage ertragen.
Glücklich buddeln Sophie und Max schon seit dem frühen Morgen am Ufer des kleinen Flusses nach Gold. Überall um sie herum wird Sand ausgewaschen, werden Pfannen und Siebe geschwenkt. Goldsuche ist harte Arbeit.
Plötzlich reißt Max die Arme hoch. Er hat ein riesiges Nugget gefunden. Wie wild schwenkt er sein buntes Taschentuch und winkt seinem Vater. Der steht mitten im Fluss, um dort nach Gold zu schürfen.
Nicht weit entfernt stehen die Goldsucher vor einer Hütte in einer langen Schlange und wollen ihre Schätze wiegen lassen. Gleich werden sie dann im nahen Restaurant ihren Bärenhunger stillen.

- In welcher besonderen Lage befindet sich Rudi?
- Wo schöpft der bärtige Goldsucher Gold?
  Ein wichtiger Gegenstand fehlt ihm. Klebe ihn wieder zwischen die Hände des Goldsuchers.
  (✂ S. 79)
- Wie viele Nuggets sind auf dem Bild versteckt?
- Was wird der Fund von Max wert sein?
  Sein Nugget wiegt 100 g. Heute kann ein Nugget von 20 g 600 Euro wert sein.

Lösungen

Anfänger S. 10–29

Seite 10

Seite 11

Seite 13

Bilderbuch

Seite 16

Experiment 1:

1. Filmdose. 2. Wasser. 3. Brausepulver

Experiment 2:

1. Glas. 2. Wasser. 3. Postkarte

Seite 17

Experiment 3: Geheime Botschaft

1. Tauche ein Blatt Papier in ein Wasserglas ein, sodass es ganz nass ist. 2. Lege es nun auf eine feste Unterlage. 3. Lege ein zweites, trockenes Papier auf das nasse. 4. Schreibe mit einem Bleistift deine geheime Botschaft auf das trockene Papier. Achte darauf, dass du fest aufdrückst. 5. Wirf das beschriebene Papier nun weg. Auf dem nassen Papier sieht man deine Botschaft. 6. Hänge das nasse Papier zum Trocknen auf. Sobald es trocken ist, verschwindet die Schrift. 7. Schicke die Nachricht an deinen Freund. Er muss das Papier erst wieder nass machen, um deine geheime Botschaft lesen zu können.

Seite 18

Der deutsche Fußballmeister steht schon fast fest

Der VfL Wolfsburg ist auf dem besten Weg, die erste Meisterschaft der Vereinsgeschichte in der Fußball-Bundesliga perfekt zu machen. Das Team der „Wölfe" siegte in Hannover mit 5:0 und hat vor dem 34. und letzten Spieltag der Saison 2008/2009 zwei Punkte Vorsprung in der Tabelle. Der zuvor punktgleiche FC Bayern München kam beim TSG 1899 Hoffenheim nicht über ein 2:2 hinaus. Der VfB Stuttgart hingegen besiegte Energie Cottbus mit 2:0 und hat nun 64 Punkte auf dem Konto. Hertha BSC Berlin hat sich mit einem 0:0 gegen den FC Schalke 04 aus dem Meisterkampf verabschiedet. Um den Klassenerhalt kämpfen noch vier Mannschaften. Arminia Bielefeld unterlag bei Borussia Dortmund 0:6 und steht nun auf dem 16. Rang. Die weiteren Ergebnisse des 33. Spieltags: VfL Bochum 1848 – Eintracht Frankfurt 2:0, Werder Bremen – Karlsruher SC 1:3, Hamburger SV – 1. FC Köln 0:1, Bayer 04 Leverkusen – Borussia Mönchengladbach 5:0.

Seite 19

Spiel	Ergebnis
VfL Wolfsburg – Hannover	5:0
FC Bayern München – TSG 1899 Hoffenheim	2:2
VfB Stuttgart – Energie Cottbus	2:0
Hertha BSC Berlin – FC Schalke 04	0:0
Arminia Bielefeld – Borussia Dortmund	0:6
VfL Bochum 1848 – Eintracht Frankfurt	2:0
Werder Bremen – Karlsruher SC	1:3
Hamburger SV – 1. FC Köln	0:1
Bayer 04 Leverkusen – Borussia Mönchengladbach	5:0

1. 29. 2. Borussia Dortmund. 3. 8. 4. 4

Seite 20

Die feindlichen Schrauben

Es waren einmal zwei Schrauben, die waren am Rad eines Güterwagens befestigt. Obwohl beide dieselbe Aufgabe hatten, konnten sie sich nicht leiden und stritten dauernd miteinander.

„Du Sauschraube", sagte die eine zur andern, „du blöde, dumme Sauschraube!"

„Was du sagst, das bist du selbst!", gab die andere zurück.

„Blechtrottel!"

„Lackaffe!"

„Zimtzicke!"

„Blödkröte!"

Und so ging das den ganzen Tag, wenn sie irgendwo auf einem Bahnhof oder einem Abstellgleis standen und warteten.

Einzig wenn der Zug fuhr, drehten sich die Schrauben mit dem Rad so rasch, dass es ihnen die Sprache verschlug.

Eines Morgens, kurz vor der Abfahrt nach Italien, stritten sie wieder besonders heftig.

„Wenn ich nur deinen einfältigen Kopf nicht mehr sehen müsste", sagte die eine zur andern.

„Und dann du mit deinem geschlitzten Quadratschädel?"

„Mit deiner Birne könntest du als Po auf den Karneval!"

„Gut", sagte die andere stolz, „dann gehe ich. Es gibt schließlich noch andere Räder!"

Und als der Zug zu rollen begann, schraubte sie sich mit aller Kraft aus dem Gewinde, fiel auf der Gotthardstrecke in einen Wildbach und ertrank. Da eine Schraube allein nicht genügte, um das Rad an der Achse zu halten, entgleiste der Güterwagen, riss den ganzen Zug mit in den Abgrund, und mit den Waggons wurde auch die Schraube dermaßen zertrümmert, dass man sie später mit den Resten des Zuges einschmolz.

Jetzt war endgültig Schluss mit Streiten.

Franz Hohler

Seite 21

Der Braunbär

Den Braunbär findet man auf drei Kontinenten: Asien, Europa und Nordamerika. Die meisten Braunbären leben heute noch in Nordamerika, besonders in Alaska und Kanada. Ihr Lebensraum sind bergige Landschaften, in denen nur wenige Bäume stehen.

Braunbären sind sehr große und starke Tiere. Sie können bis zu 600 kg schwer sein und sind aufgerichtet bis zu 3 m hoch. Sie haben meist ein langes, dichtes und dunkelbraunes Fell. Braunbären haben keine Schneidezähne. Stattdessen haben sie breite, ziemlich flache Backenzähne. Braunbären halten eine Winterruhe. Sie schlafen nicht durch wie andere kleinere Säugetiere, die einen Winterschlaf halten, sondern sie wachen immer mal wieder auf, um sich etwas zu fressen zu suchen. Die Sinnesorgane des Bären sind sehr gut ausgeprägt.

Braunbären gehören zur Gruppe der Raubtiere. Sie erlegen Vögel, Nagetiere, Fische und auch große Huftiere wie zum Beispiel Hirsche und Elche. Sie sind jedoch Allesfresser und zu ihrer pflanzlichen Nahrung gehören Wurzeln, Pilze, Nüsse und notfalls sogar Gras. Im Herbst sind reife Früchte und Beeren bei den Braunbären besonders beliebt.

Lebensraum

Aussehen

besondere Merkmale

Nahrung

Seite 24

Lebensraum: bergige Landschaften in Asien, Europa und Nordamerika, besonders in Alaska und Kanada

Aussehen: bis zu 600 kg schwer und bis zu 3 m hoch mit langem, dichtem und dunkelbraunem Fell

Nahrung: Vögel, Nagetiere, große Huftiere wie Hirsche und Elche, Wurzeln, Pilze, Nüsse, Gras, reife Früchte und Beeren

besondere Merkmale: keine Schneidezähne, aber breite, flache Backenzähne, sehr gute Sinnesorgane, halten eine Winterruhe

Seite 25

Was du sagst, das bist du selbst!

Du Sauschraube, du blöde, dumme Sauschraube!

Blechtrottel!

Lackaffe!

Zimtzicke!

Blödkröte!

Wenn ich nur deinen einfältigen Kopf nicht mehr sehen müsste.

Und dann du mit deinem geschlitzten Quadratschädel?

Mit deiner Birne könntest du als Po auf den Karneval!

Gut, dann gehe ich. Es gibt schließlich noch andere Räder!

Seite 26

Gedicht

Seite 27

Der verdrehte Schmetterling
Ein Schmetterling
mit blauen Flügeln
flog durch die Luft.
Er wurde einem Computer entnommen,
dem war was durcheinander gekommen:
irgendein Rädchen,
irgendein Drähtchen,
und als man es merkte,
da war's schon zu spätchen.
Da war der Schmetterling schon weit fort,
ganz weit.
Mit tut er leid.

Seite 28 und 29

⇨ Seite 74

Fortgeschrittene S. 30–49

Seite 30

Lösungen

Seite 31

Blutsuppe
Zutaten pro Portion:
☐ 250 g Tomaten
☐ 1 Zwiebel
☐ 100 ml Brühe
☐ 1 Teelöffel Mehl
☐ 1 Teelöffel Butter
☐ Salz und Pfeffer
☐ Toastbrot

Rezept

Vampire Sie gehören zur Familie der Fledermäuse und leben in den Tropen. Sie werden zwischen 6,5 cm und 9 cm lang. Vampire ernähren sich vom Blut von Säugetieren oder Vögeln.

Lexikonartikel

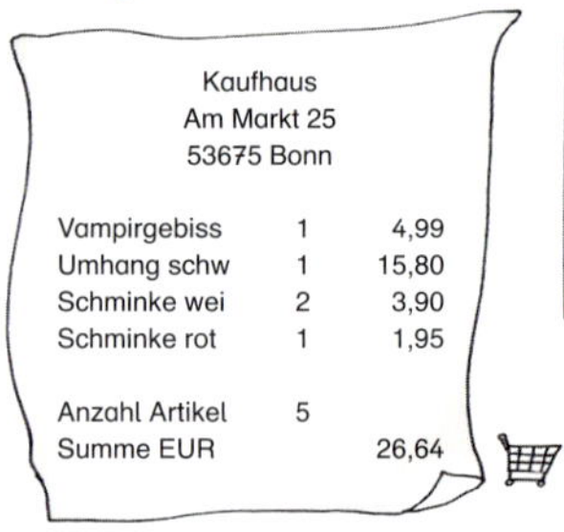
Kaufhaus
Am Markt 25
53675 Bonn

Vampirgebiss	1	4,99
Umhang schw	1	15,80
Schminke wei	2	3,90
Schminke rot	1	1,95
Anzahl Artikel	5	
Summe EUR		26,64

Kassenbon

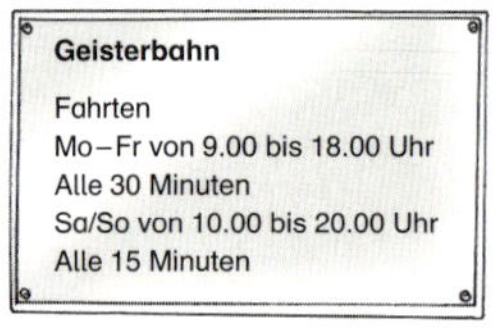
Geisterbahn
Fahrten
Mo–Fr von 9.00 bis 18.00 Uhr
Alle 30 Minuten
Sa/So von 10.00 bis 20.00 Uhr
Alle 15 Minuten

Fahrplan

Seite 32

X	Überschrift
X	Fotos/Bilder
X	Datum
	Tabelle
X	fett gedruckte Wörter oder Sätze
X	Zahlen

a) Zeitung

	Überschrift
X	Fotos/Bilder
	Datum
	Tabelle
X	fett gedruckte Wörter oder Sätze
X	Zahlen

b) Mathematikbuch

Seite 33

Es ist ein Gedicht.

Seite 34

1. Flügelflagel. Golz. 2. im Wiruwaruwolz. 3. er gaustert; Wie gutzt der Golz? – Grausig.

Seite 36

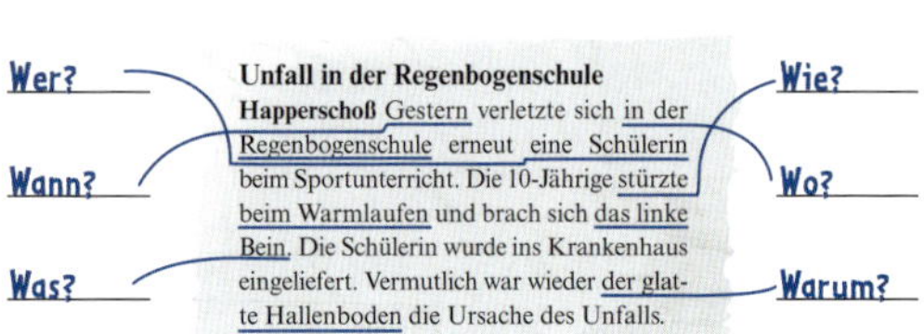

Unfall in der Regenbogenschule
Happerschoß Gestern verletzte sich in der Regenbogenschule erneut eine Schülerin beim Sportunterricht. Die 10-Jährige stürzte beim Warmlaufen und brach sich das linke Bein. Die Schülerin wurde ins Krankenhaus eingeliefert. Vermutlich war wieder der glatte Hallenboden die Ursache des Unfalls.

Seite 37

Eine Schülerin verletzte sich beim Raufen.
Oder: Eine Schülerin verletzte sich beim Laufen.
Die Lehrerin bringt frische Blumen ins Krankenhaus.
Die Klasse malt ihr ein schönes Bild.
Das Bild an der Wand hängt nur an einem Nagel.
Der Tag, an dem Katja aus dem Krankenhaus kommt, ist für sie ein großer Festtag.
Katja kann jetzt nicht zu Fuß zur Schule gehen.
Sie kann nur mit Krücken gehen.

Seite 39

Weitere Aussichten
Der Sonntag wird sehr wechselhaft. Im Verlauf des Tages kommt es immer wieder zu heftigen Regengüssen. Die Temperaturen liegen zwischen 16 und 18 Grad. Am Montag ist es trocken. Nach anfänglicher Bewölkung kommt immer häufiger die Sonne durch. Die Temperaturen steigen bis auf 24 Grad.

Seite 48 und 49

⇨ Seite 74

Profis S. 50–69

Seite 50

den Text „Die beiden Pole unserer Erde“ auf Seite 56 lesen; im Internet recherchieren; Erwachsene oder Freunde fragen; in einem Sachbuch oder in einem Lexikon nachschlagen

Seite 51

am Datum und an der Nennung der Zeitung in der ersten Zeile

Seite 53

ein Sachtext; Witze über Eisbären sind nicht in diesem Text zu finden.

Seite 54

Der Eisbär – sein Lebensraum und sein Jagdverhalten

Der Eisbär lebt in der Arktis. Diese Gegend besteht zu großen Teilen aus Treibeis. Das sind riesige Eisplatten, die wie Inseln auf dem Wasser schwimmen und treiben. — *Lebensraum*

Für die Eisbären ist das Treibeis ein wichtiger Lebensraum. Hier jagen sie Seehunde, Robben und kleine Wale. Eisbären sind ausgezeichnete Jäger. Sie können sehr gut hören und sehen und unglaublich gut riechen. Es gelingt ihnen, auf eine Entfernung von 30 km Nahrung zu wittern. Arktisforscher berichteten, dass schon nach wenigen Minuten Eisbären auftauchten, wenn sie ihr Essen zubereiteten. — *Jagdverhalten*

Selbst wenn sich Seehunde in ihren Höhlen unter einer dichten Eisschicht aufhalten, können Eisbären sie riechen. Mit ihren starken Pfoten durchschlagen sie dann die dicke Eisschicht, um ihre Beute mit einem schnellen Prankenhieb zu töten. — *Jagdverhalten*

Wenn im Sommer das Treibeis zu schmelzen beginnt, müssen sich die Eisbären vom Meer entfernen und ins Landesinnere wandern. Durch den Klimawandel geschieht das immer früher im Jahr. Im Landesinneren finden die Eisbären nur Gras, Beeren, kleine Säugetiere und Vögel als Nahrung. — *Lebensraum*

Heute müssen die frei lebenden Eisbären ihren Lebensraum mit großen Ölbohranlagen teilen. Aber auch im Zoo sind Eisbären oft sehr unglücklich. Während sie in freier Wildbahn in einer Woche Hunderte von Kilometern zurücklegen, haben sie im Zoo oft einen sehr begrenzten Lebensraum. — *Lebensraum*

Seite 55

1. der Eisbär, viele Leute. 2. Was macht der Eisbär? – Er schwenkt den Knopf hin und her. 3. Wo macht das der Eisbär? – Im Zoo.

Seite 56

Die beiden Pole unserer Erde

Der Nordpol ist der nördlichste Ort der Erde. Er liegt in einem riesigen Eismeer. Das Gebiet um den Nordpol nennt man Arktis. Der Forscher Robert Peary erreichte als erster Mensch im Jahre 1909 die Nähe des Nordpols. Er glaubte noch, dass das Gebiet nur aus Eis bestehe. Das U-Boot Nautilus aber fuhr im Jahr 1958 unter der Eisschicht des Nordpols hindurch. Das war ein gefährliches Unternehmen. Es ist sehr kalt am Nordpol, weil die Sonne dort niemals hoch am Himmel steht. Dennoch leben viele Tiere am Nordpol, zum Beispiel Eisbären und Robben.

Das Gebiet um den Südpol nennt man Antarktis. Die Silbe *ant* bedeutet „gegen“. Bei der Antarktis handelt es sich im Gegensatz zur Arktis um festes Land, das von einer mächtigen Eisschicht bedeckt ist. In der Antarktis leben Pinguine und Robben oft in grausamer Kälte. Die tiefste gemessene Temperatur betrug –88,3 °C. Im Jahr 1911 kam es zu einem spannenden Wettlauf zwischen dem norwegischen Forscher Roald Amundsen und dem Engländer Robert Scott. Beide wollten als erster Mensch den Südpol erreichen. Amundsen kam zuerst ans Ziel. Scott kam auf dem Rückweg in einem Eissturm ums Leben.

Seite 57

1. Der Nordpol liegt in der Arktis. Der Südpol liegt in der Antarktis.
2. Unter der Eisschicht des Nordpols ist Wasser. Bei der Arktis handelt es sich um festes Land.
3. Robert Peary gelangte als erster Mensch in die Nähe des Nordpols.
4. Roald Amundsen und Robert Scott wollten jeweils als erster Mensch den Südpol erreichen.
5. Im Jahr 1911 erreichte der erste Mensch den Südpol.
6. Es war so schwierig, den Südpol zu erreichen, weil es dort so kalt ist.

Seite 60

785 Tage

Seite 61

im Eis, rund 1000 Kilometer vom Nordpol entfernt. Eine Arche nicht für Tiere, sondern für Pflanzen. Samenproben aus aller Welt lagern nun in dem riesigen Tiefkühlschrank: Weizen, Reis und viele andere Nutzpflanzen. Deutschland hat sein Fach unter anderem mit Bohnen und Hafer gefüllt, also Pflanzen, von denen sich Menschen und Tiere ernähren können.

Rund 4,5 Millionen Samenproben finden in den Kühlhallen Platz. Damit sie eines Tages vielleicht einmal die Menschheit retten können. Spitzbergen liegt weit entfernt von den Gefahren der Welt. Weit entfernt von Kriegen. Und 130 Meter über dem Meeresspiegel, luftdicht verschlossen in ihren großen Bunkern, sind die Samenproben auch vor großen Naturkatastrophen sicher. Anders als die Pflanzen draußen in der Natur. Sollte einmal ein großes Unglück geschehen, eine Naturkatastrophe oder ein Krieg, und viele Pflanzen plötzlich aussterben, hätte die Menschheit ein großes Problem: Denn wovon soll sie sich dann ernähren? Wie soll sie weiterleben? Die neue Samenbank ist nun so etwas wie eine Lebensversicherung für die Menschheit. Auch nach einigen Hundert Jahren können die Samen wieder aufgetaut werden, um sie zu säen und aus ihnen neue Pflanzen wachsen zu lassen. AL

Seite 67

Textstelle:

„Seht her, ich habe es ausgerechnet: Nach drei Feldern auf dem Schachbrett sind es nur vier Reiskörner. Nach dem vierten Feld sind es 16 und nach dem zehnten Feld immer noch kaum eine Tasse voll. Aber nach der Hälfte der Felder steigt die Zahl in die Millionen!“

Seite 68 und 69

⇨ Seite 74

Lösungen

Seite 28 und 29

Seite 48 und 49

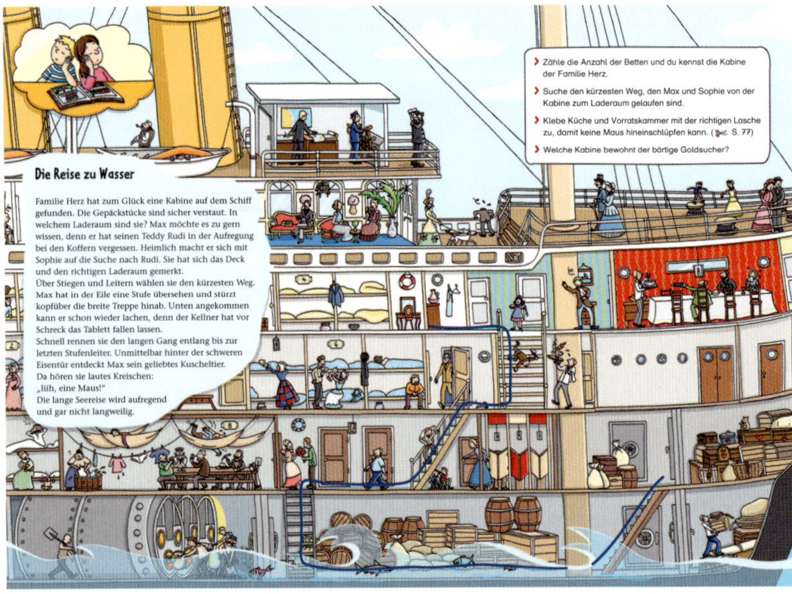

Familie Herz hat die Kabine Nr. 4.

Der bärtige Goldsucher bewohnt die Kabine Nr. 8.

Seite 68 und 69

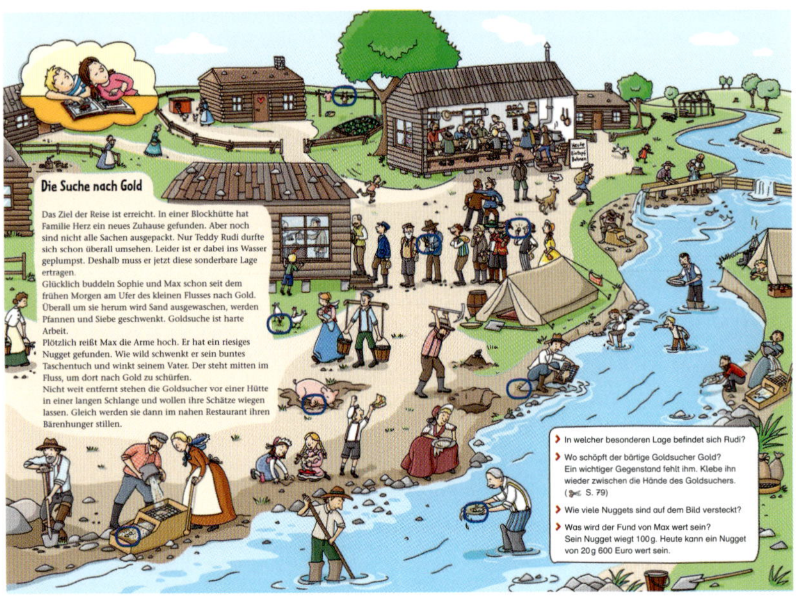

Rudi hängt an der Wäscheleine.

Es sind 8 Nuggets versteckt.

Sein Nugget ist 3000 Euro wert.

Fachbegriffe

Abschnitt, der: Teil von etwas Geschriebenem oder Gedrucktem

Artikel, der: Aufsatz, Beitrag in einer Zeitung oder Zeitschrift

Autor/Autorin, der/die: jemand, der einen Text geschrieben hat

Gedicht, das: meist kurzer Text; oft reimen sich die Wörter am Ende einer Zeile, sie klingen dann gleich oder sehr ähnlich. Gedichte bestehen aus einzelnen Abschnitten (Strophen).

Geschichte, die: etwas, das sich so ereignet haben könnte. Geschichten müssen nicht unbedingt wahr sein.

Lexikon, das: Buch, in dem man nachschlagen kann, wenn man etwas wissen will. Oft ist alles Wissenswerte nach dem Abc geordnet. Häufig sind auch Bilder dabei.

Märchen, das: Märchen sind erfundene Geschichten, die häufig von wunderbaren Dingen erzählen, die es in Wirklichkeit nicht gibt. Gegenstände und Tiere können sprechen. Es gibt Zauberer, Feen, Drachen, Riesen, Zwerge und Hexen in Märchen.

Sachtext, der: Text, der Informationen über ein bestimmtes Wissensgebiet, z. B. über ein Tier, ein Land, vermittelt

Strophe, die: Abschnitt eines Liedes oder Gedichts. Eine Strophe besteht aus Zeilen, die sich oft reimen.

Text, der: Wenn man seine Gedanken und Ideen zusammenhängend spricht oder aufschreibt, entsteht ein Text.

Titel, der: Name eines Buches, eines Bildes oder eines Films

Überschrift, die: Zeile über einem Text. Sie verrät schon etwas von dem, was im Text steht.

Wörterbuch, das: Buch, in dem Wörter gesammelt und meist nach dem Abc geordnet sind. Dort kann man die richtige Schreibung der Wörter und manchmal auch ihre Bedeutung nachschlagen.

Zeitung, die: Zeitungen verbreiten Nachrichten. Sie erscheinen täglich oder wöchentlich. Sie haben verschiedene inhaltlich abgegrenzte Thementeile wie Sport, Kultur, Politik und Wirtschaft.

Textquellenverzeichnis

Arche Noah im Eis. Mit Pflanzensamen gegen das Aussterben. In: Kölner Stadt-Anzeiger. 8./9. März 2009.

Christoph Mett/Martin Baltscheit, Der Sonnenwecker. © 2008 Beltz & Gelberg in der Verlagsgruppe Beltz, Weinheim/Basel

Die Brausepulver-Rakete. In: Christoph Biemann: Christophs Experimente. Carl Hanser Verlag, München 2003. S. 85.

Die Sonne. In: Duden Grundschul-Lexikon. Dudenverlag, Mannheim u. a. 2008. S. 219 (gekürzt).

Michael Ende „Die Zauberschule und andere Geschichten" © 1994 by Thienemann Verlag (Thienemann Verlag GmbH), Stuttgart/Wien. www.thienemann.de

Josef Guggenmos, Der Eisbär aus: Was denkt die Maus am Donnerstag? © 1998 Beltz & Gelberg in der Verlagsgruppe Beltz, Weinheim/Basel

Hagemann, Bernhard: Nelly und der Piratenschatz. Dudenverlag, Mannheim u. a. 2009. S. 43.

Hohler, Franz: Die feindlichen Schrauben. In: Franz Hohler: Das große Buch. Carl Hanser Verlag, München 2009. S. 190–191.

Rainer-K. Langner, Duell im ewigen Eis. Scott und Amundsen oder die Eroberung des Südpols. © Fischer Taschenbuch Verlag GmbH, Frankfurt am Main 2001.

Lobe, Mira: Der verdrehte Schmetterling. In: Hans-Joachim Gelberg: Überall und neben dir. Gedichte für Kinder. Beltz Verlag, Weinheim, Basel 2001. S. 201.

Morgenstern, Christian: Gruselett. In: Das Flügelpferd. Gedichte für die Grundschule. Hrsg. von Signe Sellke. Schroedel Verlag GmbH, Hannover 1999. S. 14.

Postkartentrick (Wasserglas-Experiment). In: Christoph Biemann: Christophs Experimente. Carl Hanser Verlag, München 2003. S. 48.

Viele Kleinigkeiten werden ein Großes. In: Ich will euch was erzählen. Die schönsten Geschichten der Welt. Gesammelt und aufgeschrieben von Sam McBratney. Aus dem Englischen von Anu Stohner. Deutscher Taschenbuch Verlag, München 2009. S. 31–34.

Vom Himmel zur Erde. In: Löwenzahn. Sprudelnd und spritzig! Alles rund ums Wasser. Mit Texten von Sandra Noa. Bibliographisches Institut, Mannheim 2009. S. 22.

Wie man Geister fängt („Herr Neppich"). Audio CD. Ariola 1999.

Bildquellenverzeichnis

(S. 13) Buchcover: Baltscheit, Martin: Der Sonnenwecker. Illustriert von Christoph Mett. Bajazzo Verlag, Zürich 2008. © Bajazzo Verlag

(S. 30) Buchcover: Löwenzahn – Sprudelnd und spritzig! Alles rund ums Wasser. © 2009 Bibliographisches Institut AG, Mannheim; © Lizenz durch ZDF/ZDF Enterprises GmbH 2009

(S. 30) Buchcover: Hagemann, Bernhard: Nelly und der Piratenschatz. Illustration: P. und F. Wirbeleit. © 2009 Bibliographisches Institut AG, Mannheim

(S. 30) Fischer, Catrin: Das Liederbuch. Mit einfachen Notensätzen und Gitarrengriffen. Illustriert von Annette Swoboda. Fischer (Tb.), Frankfurt 1999

(S. 30) Notensatz. © Duden Paetec GmbH

(S. 32) überflutete Straße. © picture-alliance/dpa

(S. 46) Tornado. © panthermedia/Mortimer Müller

(S. 53, S. 54) Eisbär. © picture-alliance/dpa

(S. 60) Vasco da Gama. © Bibliographisches Institut AG

(S. 61) Samenbank für Pflanzen. © picture-alliance/dpa

zum Ausschneiden

zu Seite 48 und 49

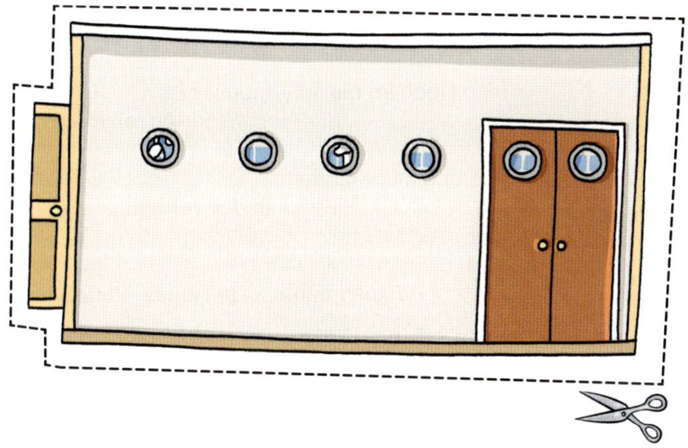

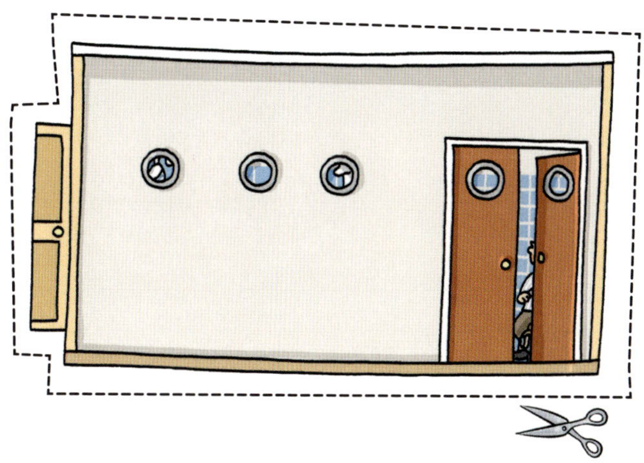

zum Ausschneiden

1. Vor dem Lesen

Ich überlege:
- Wie lese ich, wo lese ich und warum lese ich?
- Was fällt mir auf, wenn ich den Text betrachte?
- Worum geht es wohl in dem Text?
- Was weiß ich schon dazu?

2. Während des Lesens

Ich überprüfe:
- Lese ich noch so, wie ich es mir vorgenommen habe?

Ich erschließe mir einen Text:
- Wörter, die ich nicht kenne, schlage ich nach oder ich frage einen Experten.
- Ich kann wichtige Wörter und Textstellen markieren.
- Ich kann mir Randnotizen machen.
- Ich kann den Text in Sinnabschnitte einteilen.
- Ich kann eigene Zwischenüberschriften finden.
- Ich kann selbst W-Fragen stellen oder Fragen zum Text beantworten.
- Ich kann zu Textstellen malen.
- Ich kann eine Tabelle erstellen.

3. Nach dem Lesen

Ich überlege:
- Vor dem Lesen habe ich überlegt, um was es in dem Text geht. Waren meine Vermutungen richtig?
- Hat mir der Text gefallen?

Ich überprüfe:
- Habe ich den Text wirklich verstanden?

zu Seite 68 und 69

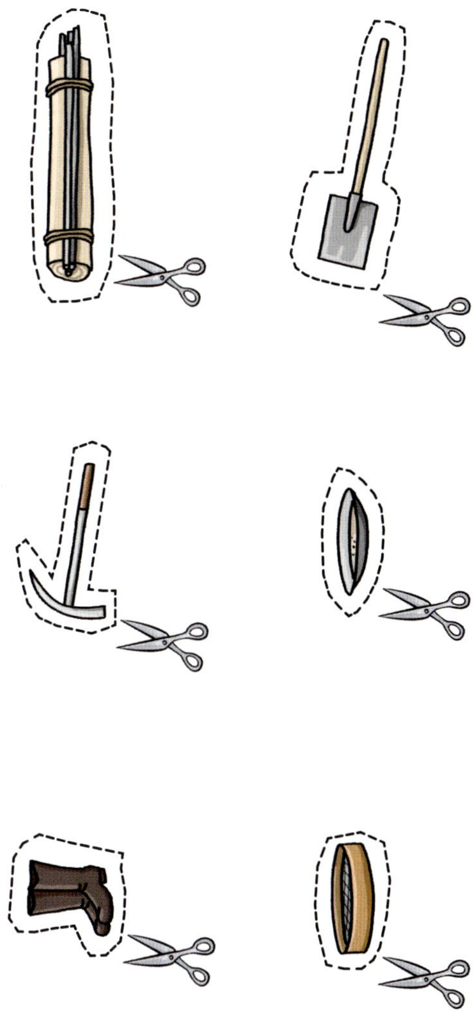

zu Seite 28 und 29